KB168423

《Do it! 스케치업 with 엔스케이프》초판을 읽은 선배 독자들의 후기!

"실무에 바로 적용할 수 있어요!
엔스케이프를 배우는 사람들에게 정석 같은 책!"

실무에서 바로 적용할 수 있는 부분이 많아서
실무자들에게도 도움이 되는 책이에요! — j***7 님

혼자 공부하기 힘든 부분이 있었는데
좋은 길잡이가 되고 있습니다. — y***s 님

엔스케이프를 배우는 사람들에게 정석 같은 책!
다른 것에 비해 유용하고 알아듣기 쉬워요! — b***s 님

이보다 쉽게 설명할 수 없다!!!
하루에 하나씩 따라 해보면 어느 순간 마스터하는 날이 오겠죠? — k***1 님

.

.

.

이 책으로 스케치업 + 엔스케이프를 시작하세요!

◀ 오두막 외부 투시도

오두막 실내 투시도 ▶

◀ 파크로쉬 리조트 로비 실내 투시도

▲ 세인트루이스 미술관 실내 투시도

▲ 레지던스 엘가 외부 투시도

◀ 공유 오피스 아이소메트릭

레고 하우스 ▶
매스 다이어그램

▲ 로마 국립 현대 미술관 단면 투시도

LECTUS 강의와 함께 보세요!

선배 대신 알려주는
스케치업 엔스케이프 사용설명서

스케치업과 엔스케이프, 선배 대신 제가 알려 드릴게요.

저도 처음 프로그램을 배울 때는 힘든 점이 정말 많았습니다. 잠시 한눈을 팔았더니 수업 전체를 놓치거나, 수업 내용은 기억나지 않는데 노트만 빽빽하다거나, … '강사님 없이도 스스로 잘 쓸 수 있으려면 어떻게 해야 할까?' 하는 질문들이 항상 따라왔습니다.

그런 마음을 알기에 기존의 수업들과는 조금 다르게 만들고 싶었습니다. 그렇게 탄생한 것이 '엔스케이프 사용설명서'입니다. 우리가 낯선 것을 처음 만져 보고 사용할 때 자연스레 설명서를 찾는 것처럼 스케치업과 엔스케이프도 누구나 쉽게 따라 할 수 있는 사용설명서가 있으면 좋겠다는 생각이었습니다.

이 강의는 7개의 각각 다른 예제를 통해 엔스케이프의 기초 기능 이해부터 내·외부 심화 렌더링 및 응용 이미지 제작까지 단계별로 구성되어 있습니다. 수업의 목표는 프로그램의 이해와 더불어 여러분이 스스로 자립할 수 있도록 하는 것입니다. 스케치업과 엔스케이프를 처음 접하더라도 수업을 따라오기만 하면 자신의 의도를 이미지와 영상에 담아낼 줄 아는 렌더러로 거듭날 수 있습니다. 제가 알고 있는 스케치업과 엔스케이프의 모든 노하우를 이 강의에 담았습니다. 여러분을 위해 제작된 '스케치업 엔스케이프 사용설명서'를 렉터스에서 만나보세요.

세상의 속도를
따라잡고 싶다면

Do it!

8가지 실무 프로젝트로 배우는 **건축 · 인테리어 렌더링**

스케치업
with 엔스케이프

3시간 걸리던 고품질 투시도, 5초 만에 완성!

최주영 지음

#실내 투시도 #외부 투시도 #아이소메트릭 #다이어그램 #VR

2024년
최신 버전
반영

 × e

이지스 퍼블리싱

세상의 속도를 따라잡고 싶다면 **Do it!**
변화의 속도를 즐기게 됩니다.

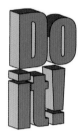

8가지 실무 프로젝트로 배우는 건축·인테리어 렌더링

Do it! 스케치업 with 엔스케이프 — 전면 개정판

Do it! SketchUp with Enscape — 2nd Edition

개정판 발행 • 2024년 6월 17일

초판 발행 • 2023년 5월 31일
초판 2쇄 • 2023년 12월 22일

지은이 • 최주영
펴낸이 • 이지연
펴낸곳 • 이지스퍼블리싱(주)
출판사 등록번호 • 제313-2010-123호
주소 • 서울시 마포구 잔다리로 109 이지스빌딩 3층
대표전화 • 02-325-1722 | **팩스** • 02-326-1723
홈페이지 • www.easyspub.co.kr | **페이스북** • www.facebook.com/easyspub
Do it! 스터디룸 카페 • cafe.naver.com/doitstudyroom | **인스타그램** • instagram.com/easyspub_it

총괄 • 최윤미 | **기획** • 이수진 | **책임편집** • 이수경 | **기획편집 1팀** • 임승빈, 이수경, 지수민
교정교열 • 안혜희 | **표지 디자인** • 박세진 | **본문 디자인** • 트인글터 | **인쇄** • 명지북프린팅
마케팅 • 이나리 | **독자지원** • 박애림, 오경신 | **영업 및 교재 문의** • 이주동, 김요한(support@easyspub.co.kr)

ISBN 979-11-6303-604-3 13000
가격 23,000원

이 책을 보면
구도, 빛, 재질을 스스로 다룰 수 있는
'생각하는 렌더러'가 됩니다!

저자 **최주영**

5초 컷 고품질 렌더링,
여러분도 할 수 있어요!

매일 밤을 새다시피하며 렌더링 작업에만 수십 시간을 들여 왔나요? 렌더링한 후에도 포토샵으로 하나하나 손보느라 시간이 배로 걸리진 않았나요? 엔스케이프를 만나는 순간 여러분의 렌더링 프로세스는 완전히 달라질 거예요. 고품질의 렌더링을 순식간에 만드는 비결, 이 책으로 끝내 보세요!

건축·인테리어 업계를 뒤흔든 '엔스케이프 렌더링'
이제는 선택이 아닌 필수!

"우리는 세상의 형태를 바꿨다." 최근에 가장 감명 깊게 본 영화의 마지막 대사이자 중요한 카피입니다. 2017년 출시한 이래 불과 6~7년이라는 짧은 시간 동안 엔스케이프의 대체 불가한 렌더링 능력은 말 그대로 건축·인테리어 시장의 판도를 바꿨습니다. 업계에서 잘나간다 하는 기업의 모집 공고에 '엔스케이프 가능자'가 우대 조건을 넘어 기본 조건인 경우도 비일비재합니다.
요즈음 건축·인테리어 업계의 SNS에서는 '실시간', '즉석에서', '빠르게'라는 단어를 이용하는 마케팅이 대세입니다. 마케팅에서 사용하는 이미지나 영상은 하나같이 엔스케이프로 제작한 콘텐츠라는 것을 알 수 있는데요. 엔스케이프사에서 비전으로 내세웠던 '디자인 프로세스 속에 렌더링이 들어오는 것'을 실현한 것이죠. 이제 실무자라면 거의 필수로 기존의 업무 외에 CG 제작에도 크게 기여해야 하는 세상이 되었습니다.

실내·외부 투시도부터 다이어그램, VR 영상 제작까지!
8가지 실무 예제를 따라 하며 실전 렌더링을 경험하세요!

"와… 아무것도 모르겠다." 2017년 초, 여러 강의를 들었지만 원리와 인과 관계를 알지 못해 혼자서 렌더링하는 데 어려움을 겪었습니다. 그리고 그때를 계기로 내가 앞으로 엔스케이프를 가르친다면 단지 프로그램 사용법만 알려 주는 것이 아니라 왜 그런 값들을 만지는지, 왜 그렇게 설정해야 하는지를 이해할 수 있도록 설명해서 학생들을 '생각하는 렌더러'로 만들자고 다짐했습니다. 그 결과로 만든 교재가 바로 '엔스케이프 사용설명서' 전자책 시리즈이고, 이후 좋은 기회를 얻어 교육 플랫폼 렉터스에서도 온라인 강의를 제작했습니다.
그리고 드디어 이 책 《**Do it!** 스케치업 with 엔스케이프》를 출간했습니다. 건축 CG 회사 '스페이스씰'을 운영하면서 얻은 노하우와 온·오프라인에서 수년 간 '쭈햄'으로 활동하면서 얻은 지식은 물론 최신 정보를 집대성했습니다. 스케치업과 엔스케이프의 아주 기본적인 기능부터 장이 넘어갈수록 어려워지는 실무 예제를 통해 고퀄리티 엔스케이프 렌더링까지 다루어서 아무것도 모르는 초보자도 중급 이상의 실력자로 거듭날 수 있어요. 마치 성장형 RPG 게임을 하듯 수준을 높이며 배워 가는 재미를 느낄 수 있도록 책을 구성했습니다. 따라서 렌더링을 어느 정도 잘한다고 자부하는 분들도 가능하면 01장부터 차근차근 밟아 나가는 것을 추천드립니다. 아는 내용이 나오더라도 '나 그거 이미 아는데!' 하며 빠르게 읽고 넘어가지 말고, 한 번 더 공부하면서 이전에 놓친 작은 디테일까지 캐치해 보세요. 그런 노력이 하나둘 쌓이다 보면 어느새 어떤 상황에서든 렌더를 잘 찍을 수 있는 고수로 거듭날 수 있을 테니까요!

2024년 최신 버전 반영!
AI 활용법은 물론 여러분이 관심을 기울이는 콘텐츠를 담았어요!

이번 개정판에서는 엔스케이프 4.0으로 업데이트되면서 변경된 UI와 인터페이스를 전면 교체했습니다. 그리고 커리큘럼은 유지하되 일부 내용을 조금 더 이해하기 쉽게 개선하고, AI가 글로벌 키워드가 된 2024년을 맞아 AI를 이용한 이미지 업그레이드 방법을 부록으로 담았습니다. 이 외에도 유튜브 채널과 인스타그램에서 반응이 좋았던 콘텐츠를 따라 해보기 쉽도록 준비했습니다. 이 책을 통해서 엔스케이프를 확실하게 익힌 후 부록의 내용을 활용해서 이미지를 한층 더 완성도 있게 만들어 보세요

감사의 말

《**Do it!** 스케치업 with 엔스케이프》를 출간한 지 벌써 1년이 지났습니다. 이전에는 학생으로서 책을 사보던 제가 이렇게 많은 사랑을 받는 책의 저자가 될 것이라고 상상도 못 했는데요. 새삼 엔스케이프를 처음 접하고, 처음 과외를 하고, 처음 전자책을 출간하고, 처음 엔스케이프 강의를 하던 날들이 떠오릅니다. 이 모든 '처음'이 있었기에 지금 이 책도 있지 않나 싶습니다. 또한 이 책을 읽고 아주 유용한 피드백을 남겨 주신 여러분 덕분이기도 합니다. 정말 감사드립니다.

마지막으로 이 책을 집필할 기회를 주신 렉터스의 박상근 대표님과 좋은 책을 만들 수 있게 도와준 이수경 편집자님, 그리고 무엇을 하든 항상 지지하고 응원해 준 어머니, 아버지, 동생과 사랑하는 여자친구 수경이에게도 무한한 감사의 인사를 전합니다.

엔스케이프 쭈햄 **최주영** 드림

▲ 02~03장

둘째
마당

**실전! 건축·인테리어를
위한 렌더링 프로젝트**

▲ 04장

◀ 05장

◀ 06장

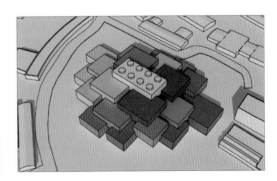

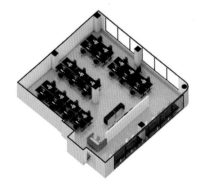

▲ 07장

8주 완성

이 책을 독학이나 강의용 교재로 활용해 보세요.
스케치업과 엔스케이프를 활용한 렌더링을 1주 차에 90분씩 공부하면
8주 안에 끝낼 수 있습니다!

주	진행	배우는 내용	완료 날짜
1주 차	01장	• 스케치업 초기 화면/단축키 설정하기 • 스케치업 기본 조작법 • 스케치업에서 재질 매핑하기	/
2주 차	02장	• 엔스케이프 기본 조작법 • 오픈 소스 활용하기 • 엔스케이프 렌더링 설정값 다루기 • 움직이는 렌더링 영상 만들기	/
3주 차	03장	• 인공조명 설치하기 • 빛 관련 설정값 다루기 • 반사가 되는 거울 유리 렌더링하기	/
4주 차	04장	〈파크로쉬 로비 실내 투시도〉 • 공간감을 살리는 애셋 설치하고 구도 잡기 • 인공조명(다운라이트, 간접 조명, 램프 조명) 설치하기 • 밤과 낮에 따른 빛 설정하기 • 재질 설정하고 장면 저장하기	/
5주 차	05장	〈세인트루이스 미술관 실내 투시도〉 • 공간감을 살리는 애셋 설치하고 구도 잡기 • HDRI 적용해 천광 표현하기 • 바닥 메지 표현 알아보기 • 장면 저장하기	/
6주 차	06장	〈레지던스 엘가 외부 투시도〉 • 카메라의 구도 잡고 주변 환경 세팅하기 • 조명 손쉽게 관리하는 방법 알아보기 • 건물을 돋보이게 하는 시간대로 설정하기 • 건물의 파사드 재질 표현하기	/
7주 차	07장	〈공유 오피스 아이소메트릭〉 • 평행 투시로 아이소메트릭 장면 잡기 〈레고 하우스 매스 다이어그램〉 • 메인 건물 강조하는 표현 배우기 〈로마 국립 현대 미술관 단면 투시도〉 • 단면 자르고 절단면 채우기	/
8주 차	보충 수업	복습하기	/

이 책은 이렇게 보세요!

스케치업에 익숙하다면 02장부터 봐도 좋아요. 첫째마당에서는 스케치업과 엔스케이프의 기본 기능을 익히고, 둘째마당에서는 투시도를 제작해 보면서 실무에 한층 가까워져요! 예제는 뒤로 갈수록 어려워지니 처음부터 순서대로 따라가는 걸 추천합니다. 마지막 07장은 좀 더 효과적으로 표현할 수 있는 콘셉트 디자인을 다루니 지나치지 말고 꼭 따라 해보길 권장합니다.

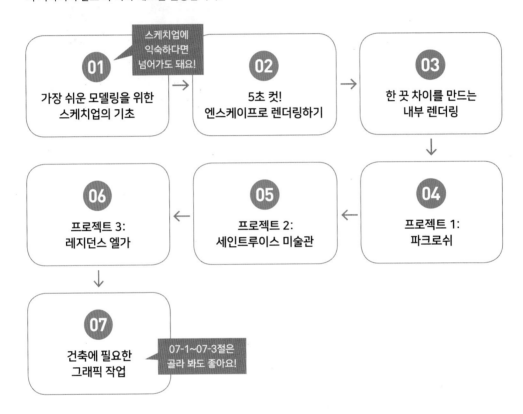

자료실에서 예제 파일을 내려받으세요!

이지스퍼블리싱 홈페이지의 [자료실]에서 이 책의 이름으로 검색하면 예제 파일을 내려받을 수 있습니다 (회원 가입 필수). 준비 파일로 실습한 후 완성 파일과 비교해 보세요!

- 이지스퍼블리싱 홈페이지:
  www.easyspub.co.kr

쭈햄의 '엔스케이프 클라우드'에서 피드백을 얻어 가세요!

여러분이 〈렌더링 과제〉에서 직접 만든 결과물을 '엔스케이프 클라우드'에 올려 보세요! 다른 렌더러들은 물론이고 저자가 직접 피드백해 드립니다. 책에 다 담지 못한 저자의 '꿀팁' 정보도 확인해 보세요!

- 엔스케이프 클라우드:
  cafe.naver.com/enscapecloud

헷갈리는 개념과 최신 정보는 유튜브 채널 '쭈햄'에서 보충해 보세요!

유튜브에서 '쭈햄'을 검색해 저자의 유튜브 채널에 방문하세요. 영상으로 보면 엔스케이프를 한층 더 쉽게 이해할 수 있을 거예요. 엔스케이프와 관련된 최신 업데이트 정보도 확인할 수 있어요!

- 유튜브 채널:
  youtube.com/@jjuscape

'Do it! 스터디룸'을 소개합니다!

같은 고민을 하는 독자들과 다양한 이야기를 나눠 보세요. 'Do it! 공부단'에 참여해 스터디를 완주하고 후기를 남기면 이지스퍼블리싱의 다른 도서를 선물로 받을 수 있어요!

- Do it! 스터디룸:
  cafe.naver.com/doitstudyroom

스케치업×엔스케이프
렌더링 기초 다지기

첫째마당에서는 스케치업과 엔스케이프를 활용해서 숲속의 오두막을 렌더링해 보겠습니다. 기본 기능과 몇 가지 노하우를 배운 후 바로 외부 투시도와 내부 투시도를 제작해 볼 거예요. 이 책의 실습을 따라 하다 보면 처음 다루는 기능도 쉽게 익힐 수 있습니다.

렌더링 시간이 오래 걸렸던 다른 프로그램과 달리, 엔스케이프는 스케치업에 모델링을 하는 순간 해당 장면을 실시간으로 반영합니다. 스케치업에서 모델링한 요소들이 실물로 구현됐을 때 어떤 느낌이 드는지 단번에 파악할 수 있어 굉장히 유용하답니다.

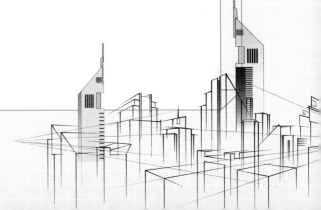

가장 쉬운 모델링을 위한
스케치업의 기초

엔스케이프를 시작하기 전에 반드시 알아야 하는 스케치업의 기능을 먼저 배워봅니다. 이 책의 화면 이미지를 보면서 스케치업의 기본 설정과 조작 방법을 차근차근 따라 해보세요. 모델링 파일을 불러와서 매핑도 해보고 렌더링 장면을 잡는 기본 방법까지 배워 보겠습니다.

이미 어느 정도 스케치업에 익숙하다면 모든 과정을 따라 할 필요는 없어요. 그러나 앞으로 계속 등장할 스케치업 기능이 어디에 있는지 머릿속에 그려지지 않는다면 하나하나 꼭 따라 해주세요.

01-1 스케치업의 리얼타임 렌더링, 엔스케이프

· 준비 파일 없음   · 완성 파일 없음

엔스케이프에 대해서 들어 본 적이 있나요? 엔스케이프는 모델링에 재질, 빛 등을 입력해 실시간으로 렌더링을 돌려주는 프로그램입니다. 이번에는 스케치업과 엔스케이프의 관계를 알아보고 두 프로그램을 설치해 보겠습니다.

스케치업과 엔스케이프

스케치업(SketchUp)은 건축, 인테리어, 조경, 설비 등 다양한 분야에서 사용하는 3D 모델링 프로그램으로, 인터페이스가 간단해 쉽게 익힐 수 있습니다. 이 프로그램은 오토캐드 등 다른 프로그램에서 만든 도면을 그대로 불러올 수 있을 뿐만 아니라 포토샵, 일러스트레이터 등의 그래픽 프로그램과도 연동성이 좋습니다. 무엇보다 01-3절에서 소개할 '3D 웨어하우스'라는 라이브러리를 활용하면 다양한 애셋을 불러올 수 있어 모델링의 퀄리티를 쉽게 높일 수 있습니다.

엔스케이프(Enscape)는 플러그인(plug-in) 구동 방식의 실시간 렌더링 프로그램입니다. 이 프로그램을 이용하면 스케치업, 라이노(Rhinoceros), 레빗(Revit), 아키캐드(Archicad), 벡터웍스(Vectorworks) 등의 모델링 프로그램에서 별도의 파일 변환 작업과 이동 없이 즉시 렌더링할 수 있어요.

02장부터는 스케치업과 엔스케이프를 동시에 사용할 거예요. 스케치업 화면에 구현된 모델링을 엔스케이프에서 실시간으로 렌더링해 볼 수 있습니다. 엔스케이프를 활용하면 브이레이(V-Ray)로 하던 렌더링 작업을 훨씬 빠르고 가볍게 진행할 수 있습니다. 또한 엔스케이프 자체에서 빛을 세세하게 조절할 수 있어 포토샵으로 후보정을 따로 하지 않아도 디테일한 결과물을 충분히 만들 수 있답니다.

스케치업 로고

엔스케이프 로고

스케치업 무료 평가판 설치하기

스케치업을 처음 사용한다면 무료 7일 평가판을 먼저 경험해 보고 유료 결제하는 방법을 추천합니다. 스케치업 공식 홈페이지에서 [무료 평가판 시작하기 → 무료 평가판 시작하기]를 클릭해 로그인하고 설치 파일을 내려받으세요.

• **무료 7일 평가판 내려받기 링크:** sketchup.com/ko-kr/try-sketchup

스케치업 유료 라이선스 구매하기

무료 평가판을 마치고 라이선스를 구매해 프로그램을 사용하려면 스케치업 홈페이지에서 [가격 → SketchUp 구매]를 클릭하세요.

• **라이선스 구매 링크:** sketchup.com/ko-kr/plans-and-pricing

▶ 엔스케이프를 원활하게 사용하려면 엔스케이프 4.0 기준 스케치업 2021 이상을 사용해야 합니다.

질문 있어요! **어떤 버전의 스케치업을 설치해야 하나요?**

플랜과 버전에 따라 스케치업의 화면 구성과 기능이 다르므로 자신에게 적합한 것을 선택해야 합니다. 플랜 이름은 시기별로 달라질 수 있지만 기본 틀은 거의 비슷합니다.

- **SketchUp Go:** 웹 전용 스케치업으로, 웹 브라우저에서 구동됩니다. 간단한 작업은 할 수 있지만, 렌더링 작업은 불가능합니다.
- **SketchUp Pro:** 렌더링 작업까지 하려면 보통 이 플랜을 사용합니다.
- **SketchUp Studio:** 윈도우 전용 플랜으로, 포인트 클라우드(Point Cloud)를 사용해 3D를 구현하고 브이레이 렌더링을 사용할 수 있습니다.

다음 링크에서 스케치업 프로 2022~2024 제품을 내려받을 수 있어요.
- **제품별 내려받기 링크:** sketchup.com/download/all

엔스케이프 설치하기

엔스케이프는 구독 결제 후 발급된 라이선스를 입력하면 즉시 사용할 수 있는데, 학생이라면 할인된 가격으로 라이선스를 구매할 수 있습니다. 엔스케이프를 간단하게 체험하고 싶으면 14일용 무료 체험판을 등록하고 엔스케이프를 내려받으세요.

- **구독 결제 링크:** enscape3d.com/pricing
- **교육용 라이선스 구매 링크:** enscape3d.com/educational-license
- **14일용 무료 체험판 등록 링크:** enscape3d.com/trial-14
- **엔스케이프 내려받기 링크:** enscape3d.com/download

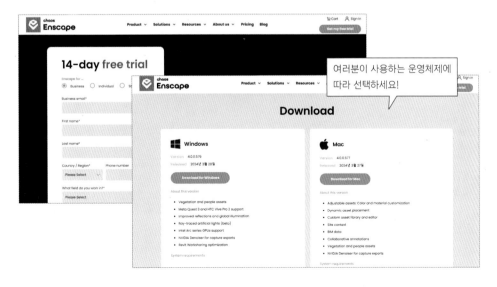

01-2 스케치업 화면 설정하기

· 준비 파일 없음 · 완성 파일 없음

스케치업을 설치했다면 화면을 설정할 차례입니다. 그 전에 프로그램 오류가 발생하지 않도록 스케치업을 한글 버전에서 영어 버전으로 바꾸는 방법부터 알아보겠습니다.

> **직접 해보세요!** **한글 버전을 영어 버전으로 바꾸기**

스케치업을 설치하면 한글 버전을 사용할 수 있습니다. 한국어로 스케치업을 사용하는 것이 편하지만, 한글 버전에서는 일부 플러그인에서 오류가 발생해 실행되지 않을 수도 있어요. 처음에는 불편해도 영문 버전으로 바꿔서 사용하는 것이 좋습니다.

01. [내 PC → 로컬 디스크 (C:)→ Program Files → SketchUp → SketchUp 20 ○○(내려받은 버전)→ Resources]에 들어갑니다.

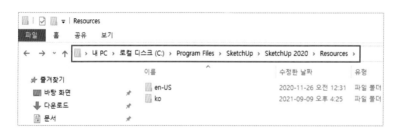

02. [en-US]와 [ko] 폴더가 보이면 [ko] 폴더의 이름을 1_ko로 수정합니다.

▶ 폴더 이름을 1_ko로 바꾸는 이유는 특별히 없어요. 스케치업이 한국어 버전을 인식하지 못하도록 폴더 이름만 바꿔 주면 됩니다.

03. 이제 스케치업을 실행하면 한글 버전이었던 스케치업이 영어 버전으로 바뀌었을 거예요. 왜냐하면 한글을 지원하는 폴더 이름을 바꾸면서 더 이상 폴더명을 인식하지 못해 나머지 [en-US] 폴더가 활성화되기 때문입니다.

직접 해보세요! **작업 화면 설정하기**

스케치업을 처음 사용한다면 이 책에서 사용하는 화면과 똑같이 설정해 보세요. 그러면 앞으로 설명하는 내용을 좀 더 빠르고 쉽게 이해할 수 있을 거예요. 이미 스케치업 화면이 세팅되어 있다면 01-3절로 넘어가세요.

01. 화면 오른쪽 상단에 Default Tray 설정하기

메뉴에서 [Window → Default Tray]를 선택해 하위 메뉴가 나오면 [Outliner]를 체크 표시해 Outliner 패널을 추가로 열어 주고 Instructor 패널은 체크 표시를 해제해 숨겨 주세요.

Default Tray에서 기본적으로 체크 표시해야 하는 메뉴는 [Entity Info], [Materials], [Components], [Styles], [Tags], [Scenes], [Shadows], [Outliner]입니다.

체크 표시된 패널이
이곳에 나타납니다.

이 부분에서 마우스 오른쪽 버튼을
누르고 [Large Tool Set]을 선택
해 도구 바를 여세요!

02. '엔스케이프' 루비 불러오기

자주 사용하는 루비(Ruby)는 메뉴의 아래쪽에 넣어 두면 편리합니다. 화면의 빈 공간
에서 마우스 오른쪽 버튼을 눌러 [Enscape]를 선택합니다. 루비 창이 열리면 메뉴
아래쪽으로 드래그해서 놓으면 됩니다.

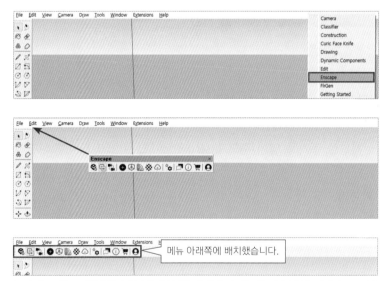

메뉴 아래쪽에 배치했습니다.

▶ 루비는 기존 스케치업에서 하기 힘든 작업을 쉽게 할 수 있도록 사용자들이 자체적으로 만든
플러그인입니다. 루비의 종류는 매우 다양하고 일부 루비는 유료로 구매할 수 있어요.

01-3 스케치업 오픈 소스 활용하기

• 준비 파일 없음　　• 완성 파일 없음

3D 웨어하우스는 누구나 사용할 수 있게 공개되어 있는 스케치업 오픈 소스 라이브러리입니다. 스케치업 사용자라면 누구든지 다운로드해 사용하고 업로드할 수 있는 보물 창고 같은 곳이죠. 3D 웨어하우스를 사용하면 퀄리티가 좋은 소스를 다양하게 찾을 수 있어요.

3D 웨어하우스에서 오픈 소스 찾기

3D 웨어하우스(3D Warehouse)를 사용하는 방법은 크게 두 가지예요.

> • **방법 1:** 스케치업 메뉴에서 [Window → 3D Warehouse] 선택
> • **방법 2:** 3D 웨어하우스 웹 사이트(3dwarehouse.sketchup.com)에 접속

방법 1처럼 스케치업에서 3D 웨어하우스를 열면 간혹 오류나 지연 현상이 발생할 수 있으므로 **방법 2**를 추천합니다. 그렇다면 **방법 2**로 의자 소스를 한번 찾아볼까요? 3D 웨어하우스에 접속해서 검색 창에 ❶ chair를 입력합니다. ❷ 오른쪽에 있는 ⌃ 아이콘을 클릭하고 ❸ [Popularity] 또는 [Likes]를 선택하면 인기 있는 소스를 찾을 수 있어요.

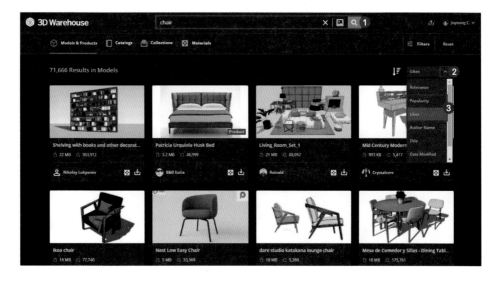

3D 웨어하우스에서 예제 파일 내려받기

3D 웨어하우스에 좀 더 빨리 익숙해질 수 있도록 이 책에서 사용할 예제 파일을 내려받아 볼게요.

01. ❶ 3D 웨어하우스에 접속해 로그인한 후 엔스케이프를 검색하세요. ❷ [엔스케이프 사용설명서 기초편 예제]를 찾아 사용하는 스케치업 버전에 맞춰 내려받으세요.

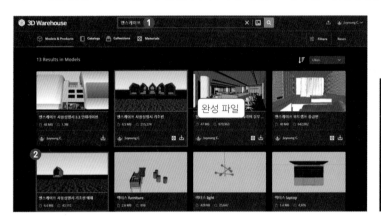

02. 스케치업을 실행해 내려받은 준비 파일을 열어 보세요. 정상적으로 잘 열리면 성공입니다.

> 자료실에서 내려받은 '오두막.skp' 파일을 열어도 돼요!

상위 버전 파일을 하위 버전으로 낮추고 싶어요!

스케치업에서 파일을 주고받을 때 상위 버전이면 열리지 않을 수 있어요. 이런 문제가 발생하면 웹 버전 스케치업을 이용해 간단하게 해결할 수 있습니다.

웹 버전 스케치업(app.sketchup.com)에 접속한 후 [모델링 시작]을 클릭하고 [가져오기→내기기]를 선택합니다. 상위 버전 파일을 가져왔으면 화면 왼쪽의 ☰ 아이콘을 클릭한 후 [다운로드→SKP]를 선택해 파일을 내려받습니다. 이 파일은 2021 버전부터 그 이상까지 열 수 있습니다.

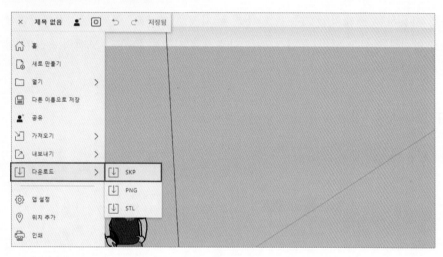

01-4 작업 속도를 높이는 단축키 설정법

•준비 파일 없음   •완성 파일 없음

여러분은 어떤 방식으로 스케치업 모델링을 하나요? 스케치업에서 단축키를 사용하면 작업 시간을 크게 줄일 수 있어요. 초기에 단축키를 설정하는 게 번거로울 수 있지만, 한 번 등록하고 사용해 보면 이렇게 말할 겁니다. "이걸 왜 이제 알려 줘요?"

> ### 직접 해보세요! 〉 스케치업 기능을 단축키로 설정하기

자주 사용하는 스케치업 기능을 단축키로 지정해 보세요. 여기서는 스케치업에서 가장 많이 사용하는 밀기/끌기 기능을 단축키로 지정해 볼게요. 모델링 속도가 엄청나게 빨라질 거예요!

01. [Window→Preferences]를 선택하세요.

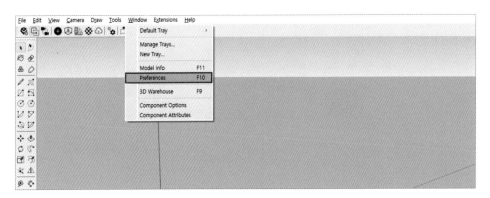

02. ❶ SketchUp Preferences 창에서 [Shortcuts] 탭을 선택하고 ❷ Filter에 push/pull을 입력해 검색한 후 ❸ Function에서 [Tools/Push/Pull]을 선택합니다. ❹ Add Shortcut에 설정할 단축키 W를 누르고 오른쪽의 [+]를 클릭해 Assigned 로 내려 줍니다. ❺ 기존에 등록되어 있던 단축키 P는 [-]를 눌러 삭제하고 ❻ [OK] 를 클릭합니다. 이제 W만 눌러도 밀기/끌기 기능이 활성화될 거예요.

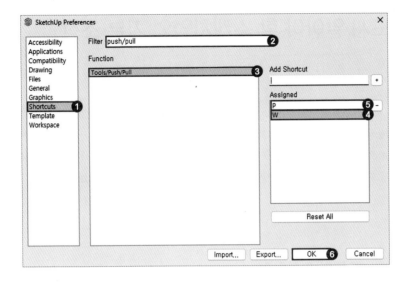

03. 이와 같은 방법으로 자주 사용하는 기능을 단축키로 설정해 보세요.

기능	설명	단축키
Enscape Materials	엔스케이프 재질 설정하기	Shift + F
Asset Library	엔스케이프 애셋 라이브러리 열기	Shift + Q
Paste in Place	제자리에 붙여 넣기	Ctrl + Shift + D
Tools/Select	선택 초기화하기	Spacebar
Add Scene	스케치업 장면 저장하기	F4
Hide Rest of Model	그룹 외 모든 객체 숨기기	Shift + D
Zoom	화각 조절하기	Shift + Z
Look Around	마우스 휠을 눌러 시야 및 눈높이 조절하기	N
Model Info	모델 정보 확인하기	F11
Preferences	설정 창 열기	F10

01-5 반드시 알아야 할 스케치업의 기본 조작법

· 준비 파일 오두막.skp　　· 완성 파일 없음

스케치업에서 객체를 자유자재로 움직일 수 있나요? "에이, 설마 움직이는 것쯤 못 하겠어요?"라고 자신 있게 말할 수도 있는데, 막상 스케치업을 열고 나서 어떻게 해야 할지 모르겠다는 사람도 종종 볼수 있습니다. 이번에는 3D 웨어하우스 또는 자료실에서 내려받은 예제 파일을 이용해 객체의 이동, 복사, 분할 복사, 컴포넌트화, 회전 등 앞으로 자주 사용할 스케치업의 기본 조작법을 알아보겠습니다.

직접 해보세요! ▷ 오두막 이동하기

준비 파일에 있는 오두막을 이리저리 이동해 보겠습니다. 스케치업 화면의 왼쪽에 있는 도구와 방향키를 사용하면 됩니다.

01. 오두막 자유롭게 이동하기

이동 도구 ✤를 이용하면 오두막을 직관적으로 움직일 수 있어요.

❶ 이동 도구 ✤를 클릭한 후 ❷ 오두막을 클릭한 상태에서 마우스를 오른쪽으로 움직여 보세요.

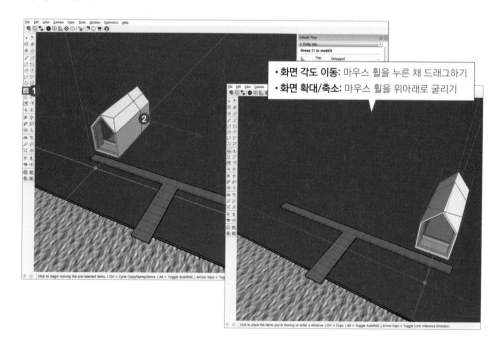

· 화면 각도 이동: 마우스 휠을 누른 채 드래그하기
· 화면 확대/축소: 마우스 휠을 위아래로 굴리기

02. 방향을 고정한 상태로 이동하기

이번에는 축을 고정해 한 방향으로만 오두막을 움직여 보겠습니다. 먼저 [Ctrl]+[Z]를 눌러 오두막을 원래 위치로 되돌립니다. ❶ 이동 도구 ✛를 클릭하고 ❷ 오두막을 클릭한 후 방향키 [←]를 누른 채 마우스를 이리저리 움직여 보세요. 오두막이 **01**에서처럼 자유자재로 움직이지 않고 초록색 축을 따라 옆으로만 움직이죠?

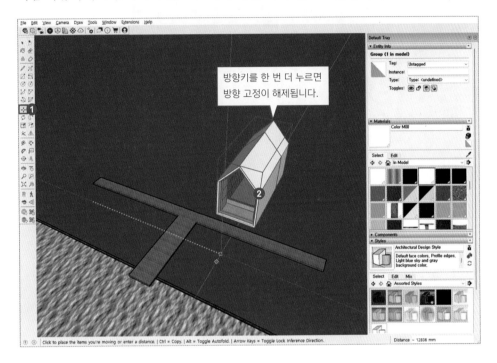

이처럼 방향키를 이용하면 오두막이 해당 방향의 축을 따라서만 움직입니다. [↑]를 누르면 파란색 축으로, [←]를 누르면 초록색 축으로, [→]를 누르면 빨간색 축으로만 움직입니다.

03. 오두막이 움직이는 모습이 잘 보이도록 구도를 설정하고 작업하면 더 편하겠죠?
❶ 선택 도구 ▸를 클릭하고 ❷ 오두막을 클릭합니다.
❸ 이동 도구 ✛를 클릭하고 ❹ 앞쪽의 물 부분을 클릭한 후 방향키 [←]를 눌러 축을 활성화하고 마우스를 움직여 보세요. 오두막을 좀 더 간편하게 이동할 수 있습니다.

기본 상태일 때 항상 선택해 두세요!

여기가 물이 될 부분이에요!

마우스 포인터에 축이 안 보여요!

마우스 포인터에 축이 나타나지 않으면 축이 활성화되어 있는지 확인해 보세요.

메뉴에서 [Window → Preferences]를 선택해 SketchUp Preferences 창을 열고 [Drawing] 탭에서 [Display crosshairs]에 체크 표시한 후 [OK]를 클릭하세요. 그러면 이동 도구 를 클릭했을 때 마우스 포인터에 3개의 축이 나타납니다.

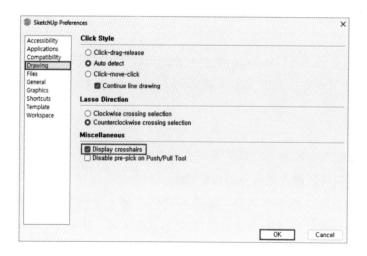

이번에는 객체를 복사해 볼까요? 복사 기능과 * 기호를 조합하면 객체를 반복해서 복사할 수 있고 / 기호를 조합하면 특정 거리 안에서 같은 간격으로 분할 복사할 수 있어요.

01. 오두막 복사하기

❶ 이동 도구 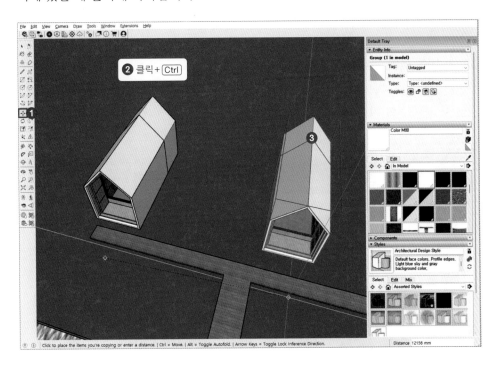를 클릭하고 ❷ 움직일 객체를 선택한 후 Ctrl을 한 번 누르세요. 그러면 마우스 포인터의 옆에 [+] 표시가 추가되고, 기존의 오두막은 유지된 상태에서 또 다른 오두막이 복사되어 움직입니다. ❸ 마우스를 움직여서 오두막이 원하는 위치에 왔을 때 클릭해 복사합니다.

02. 정확한 간격으로 복사하기

Ctrl + Z를 눌러 오두막을 다시 원래 상태로 되돌립니다.
❶ 이동 도구 를 클릭한 후 ❷ 움직일 객체를 선택하고 Ctrl을 한 번 누르세요.
❸ 원하는 방향으로 마우스를 이동하고 ❹ 화면 오른쪽 하단에 있는 Distance에 5000을 입력한 후 Enter를 누릅니다. 오두막이 지정한 방향으로 5000만큼 거리를 두고 복사됐는지 확인합니다.

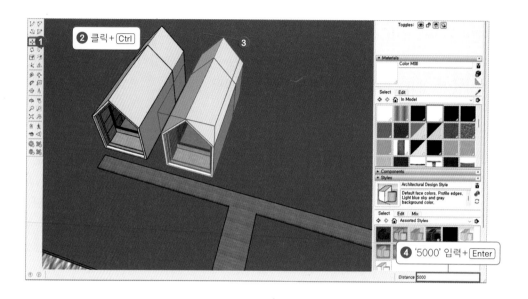

03. 한 번에 여러 개로 복사하기

이어서 Distance에 *4를 입력하고 Enter를 누르세요. 그러면 02에서 지정한 방향으로 5000만큼씩 거리를 두고 오두막이 3개 더 생깁니다.

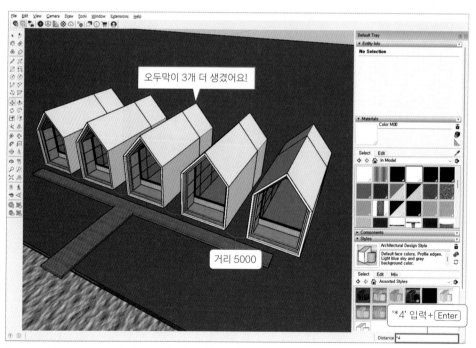

▶ * 기호를 조합해서 복사하면 선행 명령어 〈오두막을 복사해서 5000만큼 이동하기〉를 * 뒤에 입력한 숫자만큼 반복합니다.

04. 영역 안에서 같은 간격으로 복사하기

Ctrl + Z 를 눌러 다시 원래대로 되돌립니다.

이번에는 ❶ 이동 도구 ✛ 를 클릭하고 ❷ 오두막의 모서리를 클릭한 후 Ctrl 을 한 번 누릅니다. ❸ 복사할 여러 개의 오두막 가운데 가장 오른쪽 위치를 클릭합니다.

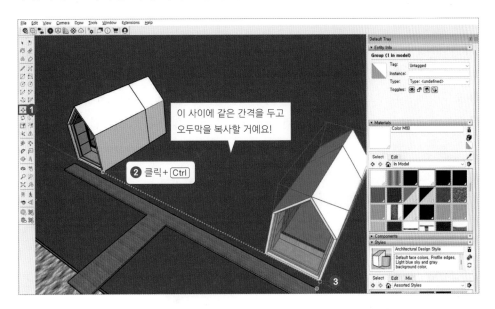

05. Distance에 /4를 입력한 후 Enter 를 누릅니다. 4를 입력했는데 중간에 오두막 이 3개만 생긴 것은 시작점과 끝점 사이를 같은 간격으로 4등분했기 때문입니다.

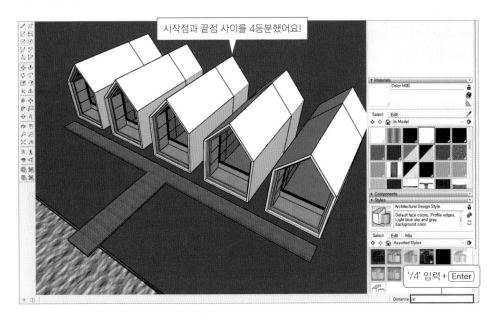

오두막 컴포넌트화하기

객체를 컴포넌트화한다는 것은 하나의 샘플을 만드는 것과 같습니다. 샘플을 수정하면 복사된 다른 객체도 똑같이 수정되죠. 스케치업에서 컴포넌트화 기능을 사용하면 반복 작업을 한 번에 통제할 수 있고 작업 효율을 크게 높일 수 있습니다.

01. Ctrl + Z 를 눌러 다시 원래 오두막 상태로 되돌아옵니다. 이번에는 오두막을 컴포넌트로 변환하겠습니다.

❶ 오두막에서 마우스 오른쪽 버튼을 눌러 [Make Component]를 선택합니다.

❷ Create Component 창이 열리면 내용을 수정하지 않고 [Create]를 클릭합니다.

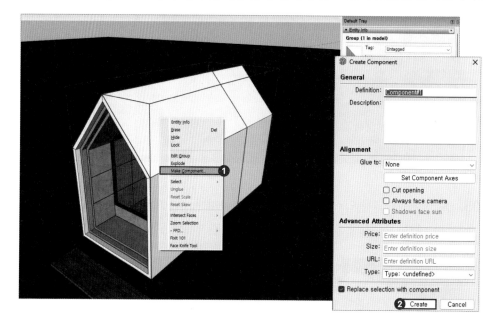

02. ❶ 오두막을 3개 더 나란히 복사하고 ❷ 컴포넌트로 변환한 오두막 하나를 더블클릭해서 그룹 안에 들어가세요.
그러면 옆에 있는 나머지 오두막들이 흐릿하게 보이죠?

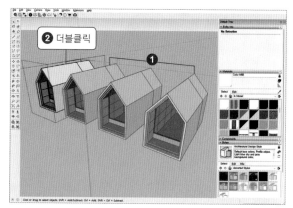

03. 이 상태에서 맨 처음 오두막 앞에 상자 하나를 만들어 볼게요. ﹇R﹈을 눌러 직사각형을 그리고 ﹇W﹈를 눌러 사각형의 볼륨을 키웁니다. 나머지 오두막의 앞에도 상자가 자동으로 만들어지는 것을 확인할 수 있어요.

04. ﹇Esc﹈를 눌러 컴포넌트 상태에서 빠져나옵니다. 다음 회전 실습을 위해 ﹇Ctrl﹈+﹇Z﹈를 반복해서 눌러 오두막이 하나만 있던 상태로 되돌아가세요.
❶ 오두막을 컴포넌트화하고 ❷ 오른쪽으로 오두막 4개가 추가되도록 복사합니다.

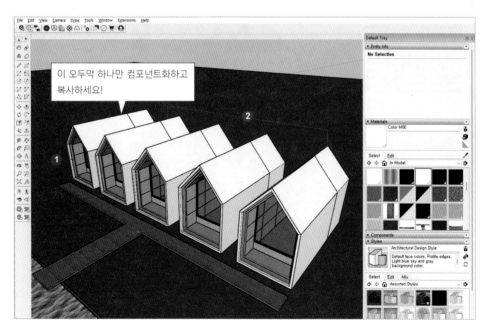

오두막 회전하기

이번에는 회전축을 지정한 상태에서 오두막을 정확한 각도로 회전해 보겠습니다. 반대 방향으로 회전할 때도 축을 지정해서 각도를 조절할 수 있어요.

01. 회전 기준점 설정하기

❶ 오두막을 선택하고 ❷ 회전 도구 🔁를 클릭하세요. 오른쪽 맨 끝에 있는 오두막의 밑면 모서리에 마우스 포인터를 올려놓으면 파란색 회전판이 바닥면과 평행하게 활성화됩니다. ❸ 이 상태에서 모서리 부분을 클릭하면 그곳이 첫 번째 기준점으로 설정됩니다.

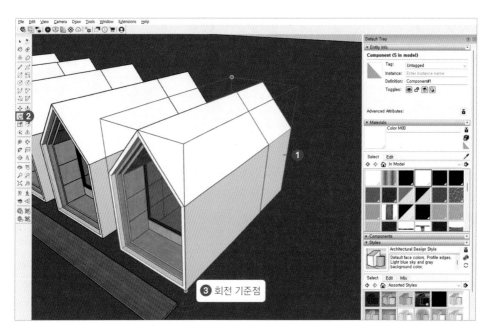

02. 회전 기준선 설정하기

마우스가 움직이는 대로 두 번째 기준점을 설정할 수 있는 점선이 나타납니다. 빨간색 축이 나타났을 때 화면을 클릭해 오두막을 회전할 기준선을 잡아 보세요.

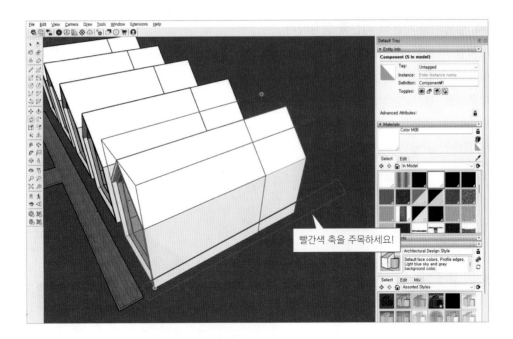

빨간색 축을 주목하세요!

03. 정확한 각도로 회전하기

오두막을 정확한 각도로 회전하려면 오른쪽 하단에 있는 Angle에 회전값인 90을
입력하고 Enter 를 누르세요.

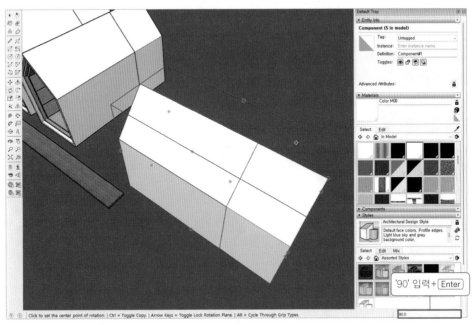

'90' 입력+ Enter

▶ 오두막을 움직이는 만큼 Angle 값이 실시간으로 바뀝니다.

04. 방향키를 사용해 회전축 설정하기

객체를 회전할 때도 방향키로 축을 지정할 수 있어요. `Ctrl` + `Z`를 눌러 원래대로 되돌린 후 ❶ 오두막을 클릭하고 ❷ 회전 도구 🔄를 클릭합니다.

기준점을 찍기 전에 `↑`, `←`, `→`를 한 번씩 누르면서 축의 색 차이를 확인해 보세요. ❸ 바닥면과 평행하게 회전할 것이므로 `↑`를 눌러 파란색 회전판을 활성화한 후 기준점을 클릭합니다.

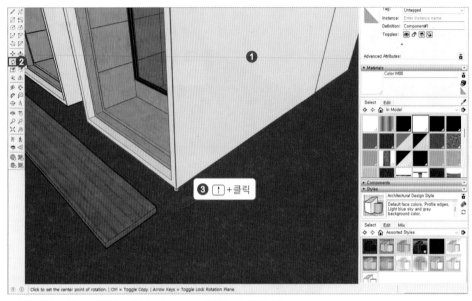

▶ 방향키를 누르는 순서대로 축이 파란색, 초록색, 빨간색으로 바뀝니다.

05.

두 번째 기준점도 방향키를 이용해 지정할 수 있지만, XY 평면이므로 Z축인 `↑`는 제외됩니다. ❶ `→`를 눌러 빨간색 축에 맞추고 01을 참고해서 두 번째 기준점을 클릭합니다. ❷ Angle에 180을 입력해 오두막을 정확히 180° 회전합니다.

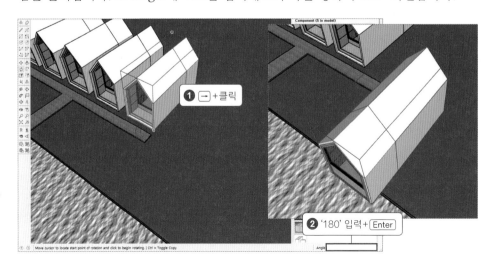

06. 회전하면서 복사하기

같은 동작을 반복하려면 ∗를, 같은 간격으로 분할하려면 /를 사용한다고 했죠?
먼저 Ctrl + Z 를 눌러 회전하기 전 상태로 되돌아갑니다.

❶ 04~05를 참고해 바닥면과 평행하게 오두막의 회전 기준점을 잡습니다. ❷ Ctrl 을 한 번 눌러 마우스 포인터에 [+] 표시가 생기는 것을 확인한 후 ❸ Angle에 30을 입력하고 Enter 를 누릅니다. ❹ 오두막이 30° 회전하면서 복사되는 것을 확인했으면 Angle에 다시 ∗4를 입력하고 Enter 를 누르세요.

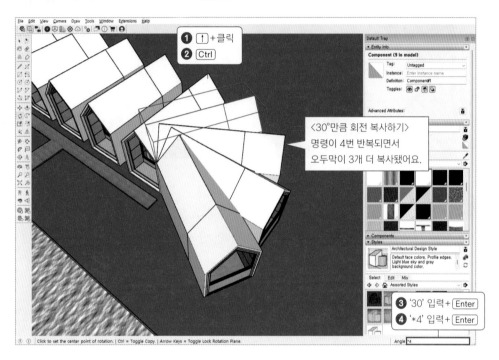

07. 영역 안에서 회전하면서 복사하기

이번에는 객체를 회전하면서 분할 복사해 볼게요. Ctrl + Z 를 눌러 다시 원래 상태로 되돌아옵니다.

❶ 마찬가지로 바닥면과 평행하게 오두막의 회전 기준선을 잡습니다. ❷ Ctrl 을 눌러 마우스 포인터에 [+] 표시가 생기는 것을 확인하고 ❸ Angle에 180을 입력한 후 Enter 를 누릅니다. ❹ 오른쪽 끝에 있는 오두막이 180°만큼 회전하면서 복사되는 것을 확인했으면 /4를 입력하고 Enter 를 눌러 4등분하세요.

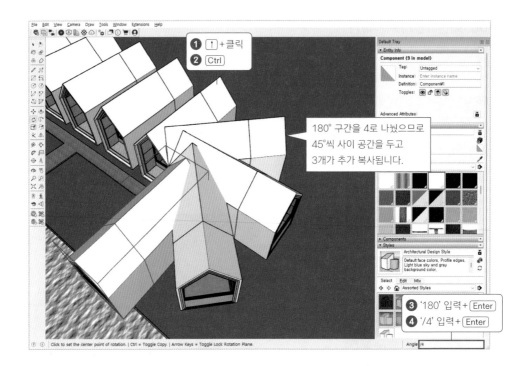

여기까지 스케치업의 기본 기능을 다뤄 보았습니다. '이동', '복사', '컴포넌트화', '회전' 기능은 모델링에서 자주 사용되므로 여러 번 반복해서 익혀 두는 게 좋습니다.

01-6 스케치업에서 재질 매핑하기

• 준비 파일 이어서 실습, wood.jpg, [texture] 폴더　　• 완성 파일 없음

스케치업에서 가장 중요한 작업 중 하나인 매핑을 알아보겠습니다. 매핑은 '어떤 값을 다른 값에 대응하는 것'을 의미하는데, 스케치업에서는 흔히 특정 개체에 재질을 입히는 것을 말합니다. '매핑은 그냥 하면 되지!'라고 생각할 수 있지만, 작업 효율성이 좋아지는 노하우는 따로 있어요. 이번에는 재질 매핑 시간을 단축하는 방법과 엔스케이프 재질 라이브러리를 함께 살펴보겠습니다.

직접 해보세요! ▷ 오두막에 나무 재질 매핑하기

아직 오두막의 외피에 매핑(mapping)이 안 되어 있어요. 오두막의 느낌을 살려 나무 재질을 입혀 볼 테니 천천히 잘 따라오세요.

01. 재질 등록하기

매핑할 재질을 등록하기 위해 Materials 패널에서 🌑 아이콘을 클릭합니다.

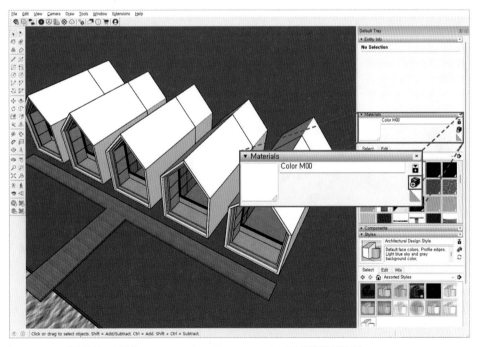

▶ Materials 패널이 안 보이면 [Window→Default Tray→Materials]를 선택하면 됩니다.

02. ❶ 준비 파일 wood.jpg를 선택하고 ❷ 재질을 알아볼 수 있게 재질 이름을 wood라고 입력합니다. ❸ [OK]를 클릭해 매핑을 등록합니다.

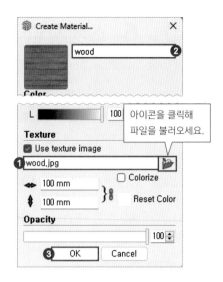

03. 오두막 매핑하기

방금 등록한 매핑을 오두막에 적용해 보겠습니다.

❶ 선택 도구 ►로 ❷ 오두막 지붕과 벽면을 각각 더블클릭해 그룹 안으로 들어간 후 ❸ 다시 외피를 더블클릭해 한 번 더 그룹 안으로 들어갑니다.

❹ 페인트통 도구 🖌를 클릭한 후 ❺ 02에서 등록한 매핑을 선택하고 ❻ 지붕, 외벽 등 나무 재질을 입힐 면을 클릭해 매핑합니다.

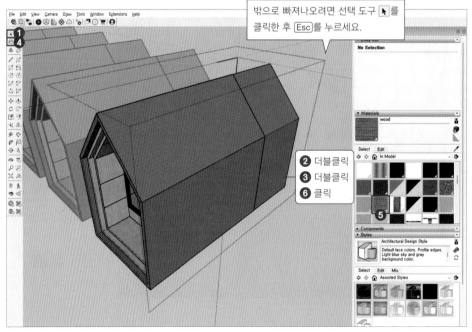

▶ 더블클릭해 컴포넌트 안에 들어간 후 다시 더블클릭해 외피 그룹에 들어가야 합니다.

매핑할 때는 무조건 그룹 안에 들어가서 넣으세요!

모델링한 개체를 렌더링할 때 매핑이 제대로 표현되지 않거나 다른 색이 비친다면 매핑 방법을 점검하세요. 이러한 문제는 대부분 그룹 안에 들어가서 매핑하지 않고 그룹 전체를 선택한 상태에서 즉시 매핑해 다른 매핑과 겹쳐져서 발생합니다. 따라서 오류를 사전에 방지하기 위해 처음부터 객체를 더블클릭해 그룹 안에 들어간 후 매핑하는 습관을 갖는 것이 좋아요.

04. 매핑 스케일 조절하기

매핑은 했는데 나무의 스케일이 너무 작아 재질감이 잘 표현되지 않네요. 나무 질감이 잘 표현되도록 나무의 스케일을 키워 보겠습니다.

❶ Materials 패널에서 [Edit] 탭을 클릭하고 ❷ Texture 값을 1000mm로 수정합니다.

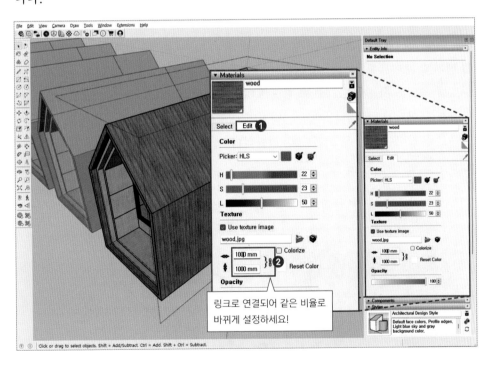

링크로 연결되어 같은 비율로 바뀌게 설정하세요!

05. ❶ 매핑된 면을 더블클릭해 선택하고 ❷ 마우스 오른쪽 버튼을 눌러 [Texture→ Position]을 선택합니다. 질감의 크기, 회전, 위치 등을 마우스로 조절할 수 있는 기능이 활성화됩니다.

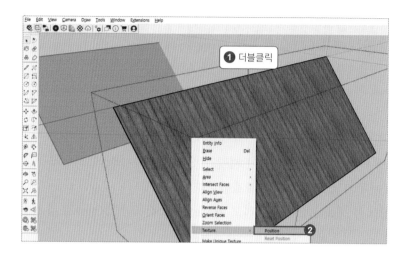

06. 매핑 디테일 수정하기

❶ 빨간색 포인트를 클릭한 상태에서 마우스를 움직여 보세요. ❷ 이어서 초록색 포인트를 클릭한 상태로 드래그해 매핑을 90° 돌려 보세요.

빨간색 포인트를 클릭한 상태로 움직이면 매핑이 이동하고 초록색 포인트를 클릭한 상태로 움직이면 매핑을 회전할 수 있습니다.

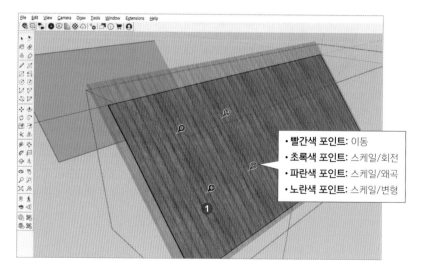

- **빨간색 포인트:** 이동
- **초록색 포인트:** 스케일/회전
- **파란색 포인트:** 스케일/왜곡
- **노란색 포인트:** 스케일/변형

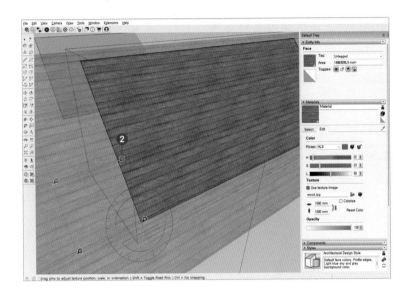

매핑 폴더 간편하게 등록하기

재질 매핑을 일일이 등록할 수도 있지만, 재질 폴더를 따로 지정해 두면 등록해서 꺼내 쓰기 편하겠죠? 자주 쓰는 재질을 등록해 두면 시간을 크게 절약할 수 있어요.

01. ❶ Materials 패널에서 [Select] 탭의 🔁 아이콘을 클릭합니다.
목록에서 ❷ [Add collection to favorites]를 선택하면 폴더 경로를 지정할 수 있는 창이 활성화됩니다.

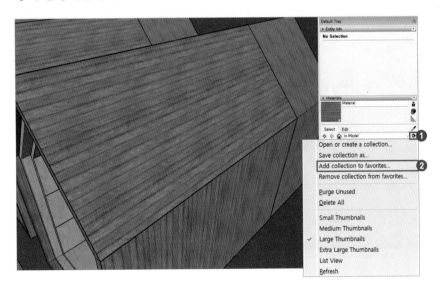

02. ❶ 자료실에서 내려받은 [texture] 폴더를 찾아 선택하고 **❷** [폴더 선택]을 클릭합니다.

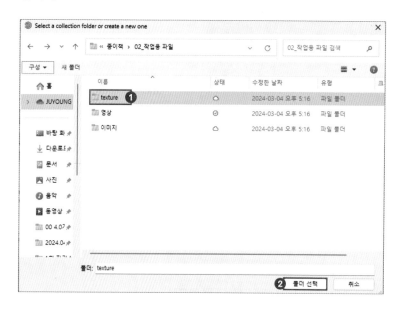

03. [Select] 탭에서 매핑 목록을 열고 맨 아래로 내려 보면 방금 등록한 폴더를 확인할 수 있어요.

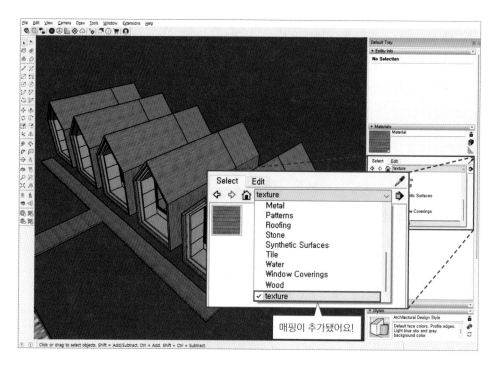

질문
있어요! **skm 파일로 저장하고 싶어요!**

skm은 매핑값을 저장하는 매핑 확장자입니다. 설정한 재질값을 저장하려면 Materials 패널에
서 🏠 아이콘을 클릭해 화면에 나타난 재질을 불러옵니다. 재질을 일일이 찾아도 되지만 작업
화면에서 원하는 재질을 클릭하면 패널에서도 자동으로 선택됩니다. 선택한 재질 위에서 마우
스 오른쪽 버튼을 누르고 [Save As]를 선택하면 skm 파일로 저장할 수 있어요.

재질을 클릭하면 패널에서도
자동으로 선택돼요!

재질 라이브러리 살펴보기

엔스케이프 재질 라이브러리를 활용하면 매핑 파일을 따로 가지고 있지 않아도 값이
적용된 재질을 다양하게 활용할 수 있어요. 업데이트를 거듭할수록 엔스케이프에서
제공하는 재질의 종류와 개수는 앞으로 점점 많아질 것입니다.

Enscape Material Library 창에서 원하는 재질을 선택하고 [Import Selection]을
클릭하면 해당 재질이 스케치업의 Materials 패널로 넘어옵니다. 완벽한 값은 아니
지만 기본적으로 세팅돼 있어서 훨씬 쉽고 간편하게 재질을 적용할 수 있어요.

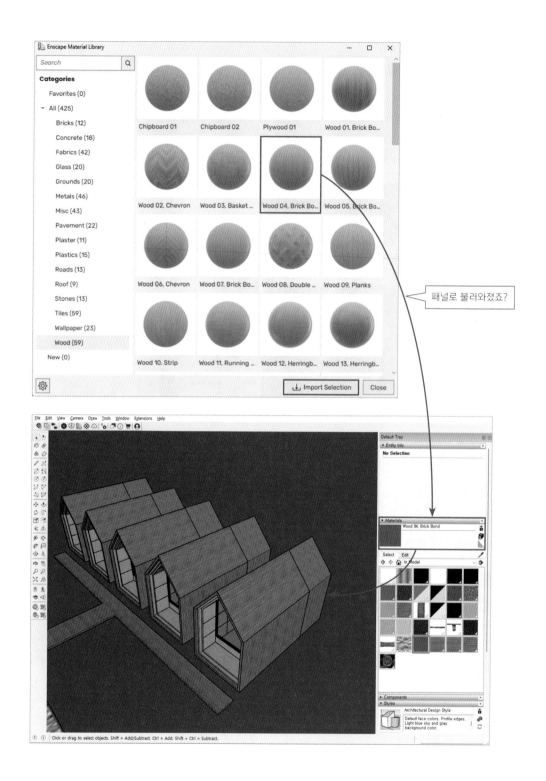

패널로 불러와졌죠?

선배의
렌더링
노트

재질이 불러와지질 않는다고요?

엔스케이프 버전에 따라 [Import Selection]을 클릭해도 재질이 스케치업의 Materials 패널로 넘어가지 않을 수 있어요. 이럴 때는 Enscape Material Editor 창을 열고 목록에서 주황색 표시가 있는 재질을 찾아보세요. 해당 재질의 이름을 클릭하면 스케치업에서 바로 사용할 수 있습니다.

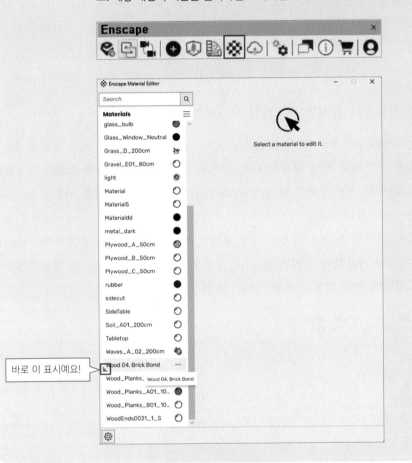

바로 이 표시예요!

01-7 렌더링을 위한 최적의 장면 잡기

• 준비 파일 이어서 실습   • 완성 파일 없음

프로젝트에서 렌더링 장면을 잡을 때는 담고 싶은 정보가 화면에 최대한 잘 드러나게 잡는 것이 관건입니다. 카메라를 들고 여기저기서 찍는다고 생각하며 사진을 찍을 위치와 카메라의 화각, 카메라의 눈높이를 조정해 보겠습니다. 이 순서대로 작업하면 렌더링 초보자도 최적의 장면을 잡을 수 있습니다.

1단계. 원하는 위치에서 정면 바라보기 ― Align View

먼저 핵심 장면(scene)을 가장 잘 보여줄 수 있는 위치로 이동한 후 해당 장면을 정면으로 바라보는 객체나 벽이 있는지 확인합니다. 적절한 객체나 벽을 찾았으면 바라보고 있는 객체의 그룹 안으로 들어간 후 해당 면에서 마우스 오른쪽 버튼을 누르고 [Align View]를 선택합니다.

Align View는 객체를 앞서 선택한 면과 정확히 평행으로 볼 수 있게 해주는 기능입니다. 이 구도를 사용하면 장면을 좀 더 안정적으로 잡을 수 있어요. 이 기능은 특히 찍으려는 장면이 어떤 객체나 벽과 나란하게 있을 때 유용합니다.

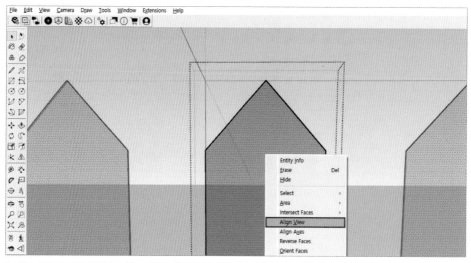

▶ 찍고 싶은 장면을 마주보고 있는 객체가 없으면 피사체 가까이에 임시로 사용할 상자를 만들어 보세요. 위의 과정과 같이 마주보고 있는 면에서 [Align View]를 선택해 장면을 잡은 다음 만든 상자 객체를 지우면 됩니다.

2단계. 눈높이 맞추기 — Eye Height

우리는 카메라로 대상을 찍을 때 다양한 포즈를 취합니다. 눈높이에서 사진을 찍을 때도 있고 몸을 완전히 숙여서 카메라를 바닥과 가깝게 대고 찍기도 하죠. 스케치업에서 장면을 잡을 때도 마찬가지입니다.

메뉴에서 [Camera→Look Around]를 선택하고 **Eye Height**에 원하는 카메라 높이를 직접 입력해 보세요. 사람의 눈높이를 고려한 1200~1500 정도가 적당하며, 상황에 맞게 더하거나 빼면 됩니다. 장면을 잡는 데 정해진 공식은 없습니다.

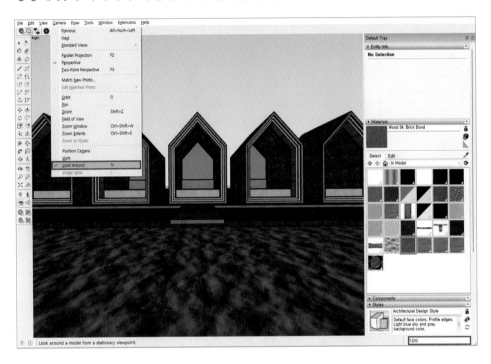

3단계. 화각 맞추기 — Field of View

화각이란 렌즈의 촬영 범위를 의미하며, 화각이 클수록 넓은 화면을 담을 수 있습니다. 메뉴에서 [Camera→Field of View]를 선택한 후 오른쪽 하단에 있는 **Field of View**에 값을 입력하면 화각을 조절할 수 있습니다.

장면이 지나치게 왜곡되거나 너무 적은 정보를 담고 있으면 전달하려는 정보가 달라질 수 있으니 적절한 화각을 설정하는 것이 중요합니다. 장면을 좀 더 사실적으로 보이게 하는 화각에는 두 가지가 있습니다.

- **내부 투시도 권장 화각:** 75~90°
- **외부 투시도 권장 화각:** 60~75° 이상

내부 투시도, 즉 인테리어 장면을 잡을 때는 화각을 90° 이상으로 설정하면 왜곡이 심해집니다. 반대로 외부 투시도에서는 화각을 70° 정도로 설정하면 괜찮지만 55° 이하로 낮추면 필요한 정보가 모두 못 들어갈 가능성이 높아집니다. 그러므로 권장 값을 기준으로 삼고 위아래로 테스트해 보면서 자신이 찍을 장면에 적합한 화각을 찾는 것이 중요합니다.

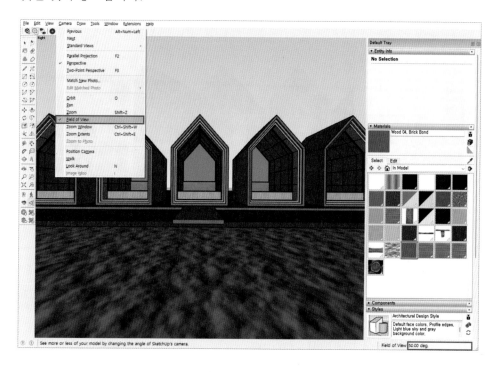

4단계. 왜곡 보정하기 — Two-Point Perspective

여기까지 진행했으면 잡은 장면을 다시 한번 살펴봅시다. 약간 기울어진 느낌이 들지 않나요?

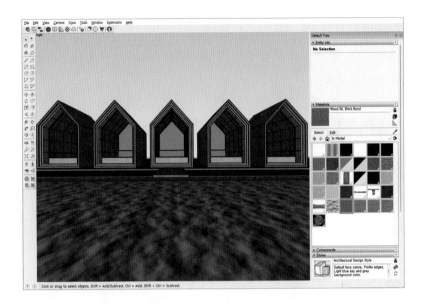

이럴 땐 화면의 왜곡을 잡아 줘야 합니다. 메뉴에서 [Camera → Two-Point Perspective]를 선택하면 화면이 실제와 가깝게 조정됩니다.

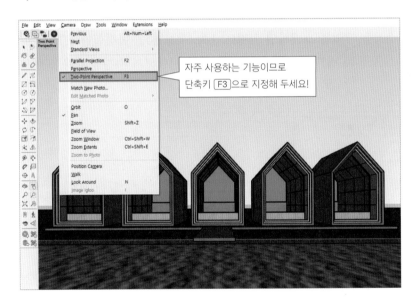

2점 투시(two-point perspective)를 활성화한 상태에서 화면을 움직이려면 Shift 를 누른 채로 마우스 휠을 누르고 이동하세요. 단, 이 방식으로 장면을 잡으면 엔스케이프 화면에 똑같이 나타나지 않습니다. 이 부분에 대한 해결 방법은 04-3절에서 다룰게요.

5단계. 장면 저장하기

장면을 잡는 과정이 모두 끝났으면 메뉴에서 [View→Animation→Add Scene]을 선택해 장면을 저장하세요.

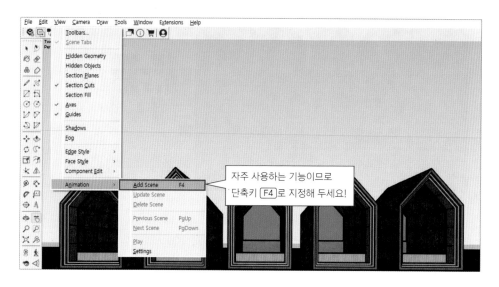

추가로 모델링 수정을 제외한 스케치업 설정(시간대, 스타일 등)을 변경합니다. 장면 이름 위에서 마우스 오른쪽 버튼을 누르고 [Update]를 선택해서 수정한 내용을 반영합니다.

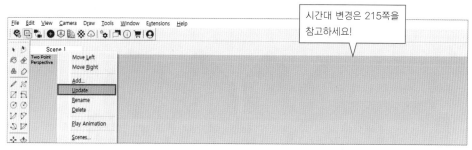

좋은 장면을 잡는 데 지름길은 없습니다. 최대한 많은 장면을 잡다 보면 의외의 장소에서 최고의 장면을 만나게 될 거예요.

5초 컷!
엔스케이프로 렌더링하기

드디어 엔스케이프를 본격적으로 다룰 시간입니다. 엔스케이프는 렌더링 결과를 실시간으로 볼 수 있는 직관적인 인터페이스를 바탕으로 하고 있어요. 그리고 조작이 쉬워 간편하게 이미지를 제작할 수 있다는 장점 때문에 진입 장벽이 낮습니다. 이번 장에서는 여러분이 '생각하는 렌더러(renderer)'가 되기 위한 첫 번째 단추로 엔스케이프의 기능을 알아보겠습니다.

02-1 엔스케이프의 기본 조작법

• 준비 파일 이어서 실습   • 완성 파일 없음

이번에는 엔스케이프의 기본 조작법을 알아보겠습니다. 책을 따라 엔스케이프를 이리저리 만지다 보면 점점 익숙하게 다룰 수 있을 거예요. 마치 엔스케이프 환경에 있는 것처럼 돌아다닐 수도 있고 시간대를 조절하면서 낮과 밤의 분위기를 느껴볼 수도 있어요. 자, 그러면 이제부터 엔스케이프 세계로 들어가 볼까요?

엔스케이프 실행하기

엔스케이프는 플러그인 형태로, 스케치업에서 클릭 한 번으로 구동할 수 있어요. 01-2절에서 메뉴의 아래쪽에 넣어 뒀던 루비를 기억하나요? 바로 그걸 사용할 거예요!

 아이콘을 클릭하면 엔스케이프가 실행됩니다. 로딩이 끝나면 개별 창으로 엔스케이프 화면이 나타나는데요. 그러면 이런 생각이 들 거예요.

'아직 아무것도 안 했는데 CG 이미지가 벌써 나오네?'

엔스케이프 설치 방법은
01-1절을 참고하세요!

어느 정도 맞는 말입니다. 엔스케이프의 가장 큰 장점은 아주 쉽게 CG 이미지를 만들어 내는 것이니까요. 브이레이와 같은 다른 렌더링 프로그램을 사용했다면 이 부분에서 엔스케이프의 매력에 빠질 것입니다.

엔스케이프 조작하기

엔스케이프를 처음 실행하면 오른쪽에 Help 창이 나타납니다. 여기서 엔스케이프의 조작 방법을 확인할 수 있어요. 백문이 불여일견! 직접 해보면 훨씬 더 쉽고 빠르게 익힐 수 있으니 꼭 따라 해보세요. 한 손으로는 키보드를 누르고 다른 한 손으로는 마우스를 클릭하면서 엔스케이프 화면을 자유롭게 이동해 보세요.

> 단축키 [H]를 눌러 [Help] 창을 껐다 켰다 할 수 있어요.

화면 이동하기(Move)

키보드의 [W], [A], [S], [D] 또는 방향키 [↑], [←], [↓], [→]를 누르면서 화면을 이동해 보세요.

이동 전

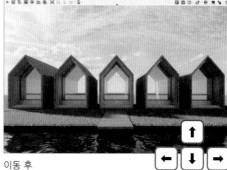

이동 후

위아래로 시점 이동하기(Fly Up/Down)

키보드의 E를 누르면 시점이 올라가고 Q를 누르면 시점이 내려옵니다.

이동 전

이동 후

화면 회전하기(Rotate)

마우스 왼쪽 버튼을 누른 채로 움직이면 화면이 회전하면서 이동합니다.

회전 전

회전 후

왼쪽 누르고, 드래그

궤도 회전하기(Orbit)

마우스 오른쪽 버튼을 누른 채로 움직이면 클릭한 지점을 중심으로 화면이 돌아갑니다.

회전 전

회전 후

오른쪽 누르고, 드래그

카메라 평행하게 이동하기(Pan)

마우스 휠을 누른 채로 움직이면 카메라는 정면을 바라본 상태에서 화면만 마우스의 이동 방향에 따라 이동합니다.

이동 전

이동 후

휠 누르고, 드래그

카메라 순간 이동하기(Teleport)

마우스 왼쪽 버튼을 더블클릭하면 해당 지점으로 빠르게 이동합니다.

이동 전

이동 후

왼쪽 더블클릭

엔스케이프 안에서 돌아다니기

엔스케이프에서 가장 유용한 기능 중 하나는 바로 **Walk 모드**와 **Fly 모드**입니다. Fly 모드에서는 어디든지 갈 수 있지만, Walk 모드로 설정하면 바닥이 없거나 벽으로 막혀 있는 곳은 갈 수 없어요. 그러므로 사람들이 실제로 어떻게 공간을 이용하고 보게 될지 궁금하면 Walk 모드로 설정해서 확인하는 것이 좋겠죠? 엔스케이프 환경을 직접 돌아다니면 모델링 건물이 실제로 어떻게 보일지 간접적으로 느낄 수 있어요.

Walk 모드로 데크 걸어다니기

🐾 아이콘으로 설정하거나 Spacebar를 눌러 Walk 모드로 들어가세요. Walk 모드는 해당 공간에서 어떻게 돌아다닐 수 있는지 직접 확인할 수 있습니다. 방향키나 W, A, S, D를 눌러 데크 위를 걸어다녀 보세요. 다만 Walk 모드에서는 막힌 벽이나 객체를 통과해서 지나갈 수 없습니다.

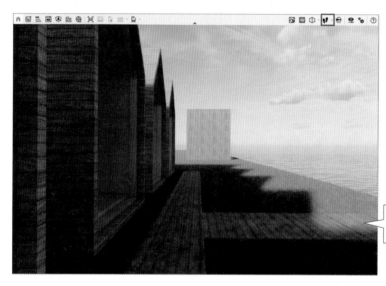

직접 데크 위를 걷는 듯한 경험을 해보세요!

Fly 모드로 자유롭게 돌아다니기

다시 Spacebar를 눌러 Fly 모드로 변경합니다. 🍃 아이콘으로 설정해도 상관없어요. 방향키나 W, A, S, D 외에도 E, Q를 눌러 위아래로도 자유롭게 날아다녀 보세요. 뚫려 있지 않아 Walk 모드에서 갈 수 없었던 곳도 Fly 모드에서는 자유롭게 이동할 수 있습니다.

Walk 모드에서는 갈 수 없었던
실내 공간에도 들어가 보세요!

질문
있어요! **제 키와 보폭으로 걸어 보고 싶어요!**

엔스케이프 화면 상단에 있는 아이콘을 클릭하면 돌아다니는 1인칭 사람의 키와 보폭을
변경할 수 있어요. Enscape Window Settings 창의 [Input] 탭에서 Spectator Height와
Spectator Width를 조절합니다.

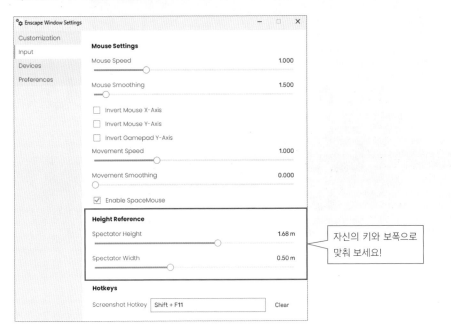

자신의 키와 보폭으로
맞춰 보세요!

시간대 설정하기

단축키 U와 I를 눌러 엔스케이프의 시간대를 자유롭게 바꿀 수 있어요. 이 기능은 시간의 흐름에 따라 객체가 어떻게 보일지 궁금할 때 사용하면 유용합니다.

U를 누르면 시간이 앞으로, I를 누르면 시간이 뒤로 이동합니다.

엔스케이프에서의 시간을 확인할 수 있어요.

엔스케이프 화면 고정하기

렌더링을 할 때는 엔스케이프 화면과 스케치업 화면, 기타 설정 창들을 동시에 보면서 작업해야 하는 경우가 많습니다. 듀얼(dual) 모니터를 사용한다면 한쪽 모니터에 엔스케이프 창을 열어놓고 작업하면 되지만, 모니터를 한 대만 사용한다면 창이 뒤섞이면서 많이 불편할 거예요. 이런 점을 보완해 엔스케이프 3.0 버전부터는 자체적으로 창을 고정할 수 있는 기능이 탑재되었으니 꼭 활성화해 보세요.

엔스케이프에서  아이콘을 클릭해 Enscape Window Settings 창을 열고 [Preferences] 탭에서 [Pin Enscape window on top of the host application]에 체크 표시합니다.

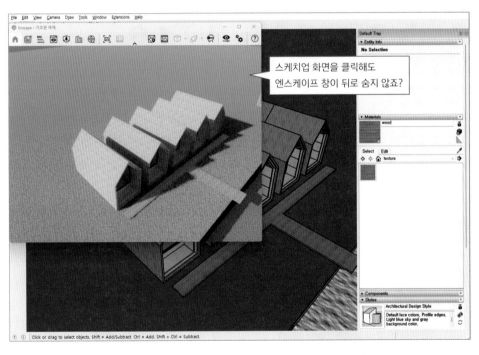

02-2 풍부한 렌더링 소스 활용하기

• 준비 파일 이어서 실습   • 완성 파일 없음

가구, 나무, 사람 등 소스가 필요할 때마다 스케치업의 3D 웨어하우스를 돌아다녔나요? 물론 특정한 모델이 필요하다면 직접 제작하거나 발품을 팔아 똑같이 생긴 모델을 찾아야 합니다. 그러나 나무, 자동차, 의자 등 '공간을 채울 목적'으로 소스를 찾는다면 엔스케이프의 애셋 라이브러리를 활용하여 시간을 절약해 보세요.

애셋 라이브러리

엔스케이프 애셋 라이브러리(Enscape Asset Library)는 3D 렌더링용 소스 모음입니다. 엔스케이프 메뉴에서 圙 아이콘을 클릭하면 애셋 라이브러리로 즉시 연결됩니다.

애셋 라이브러리는 업데이트될 때마다 적게는 수십 종, 많게는 수백 종의 소스가 추가됩니다. 스케치업 화면에는 단순한 형태로 나타나지만, 엔스케이프 렌더링을 돌리면 매핑된 형태로 표현됩니다. 스케치업에서 프록시화되어 나타나기 때문에 용량도 많이 차지하지 않습니다. 특정 객체가 필요한 경우가 아니라면 애셋 라이브러리의 사용을 권장합니다.

> 퀄리티가 좋은 소스도 많으니 잘 활용해 보세요!

스케치업에서 나타나는 프록시화된 나무 소스

엔스케이프로 렌더링된 나무 소스

오두막 주변에 소스 배치하기

오두막을 렌더링할 때 필요한 주변의 나무와 이용객, 자연물을 자연스럽게 배치해 보겠습니다. 추가 플러그인 없이 스케치업에서 간단하게 배치하는 방법과 엔스케이프에서 바로 배치하는 방법을 소개할게요. 두 가지 방법 모두 잘 익혀서 상황에 맞게 적용해 보세요.

01. 스케치업에 나무 소스 불러오기

스케치업에서 🌐 아이콘을 클릭해 Enscape Asset Library 창을 엽니다. 가장 먼저 나무를 골라 볼게요. ❶ [Vegetation] 카테고리에서 ❷ [Tree]에 체크 표시하면 다양한 형태의 나무를 확인할 수 있어요. 마음에 드는 나무를 3종 이상 선택하세요.

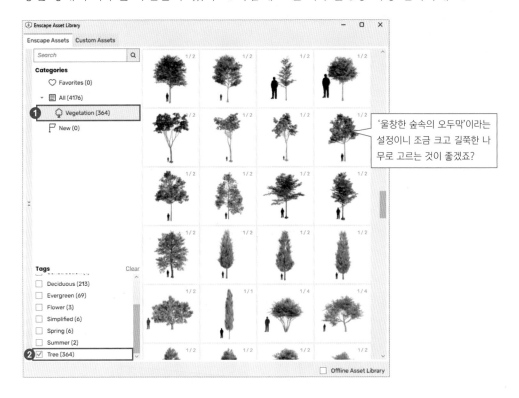

'울창한 숲속의 오두막'이라는 설정이니 조금 크고 길쭉한 나무로 고르는 것이 좋겠죠?

02. 고른 나무 3종을 화면에 배치하고 복사해 계속 붙여 나가세요. 아주 간단하면서도 효과적으로 개체를 늘릴 수 있습니다. 처음에는 3개, 그 다음에는 6개, 그리고 그 다음에는 12개씩 복사해 늘려가면서 대지 전역에 나무 개체를 흩뿌려 주세요. 숲을 하나 만든다고 생각하면 됩니다.

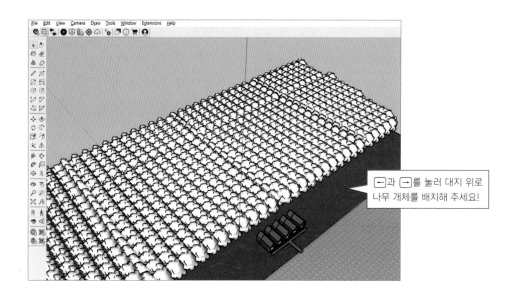

03. 특히 뒷부분의 나무들은 따로 선택해 살짝 아래로 내려 줍니다. 오두막 정면에 서 찍었을 때 숲이 더 울창해 보이려면 지평선 부근에도 나무가 꽉 차 있는 것이 좋기 때문입니다.

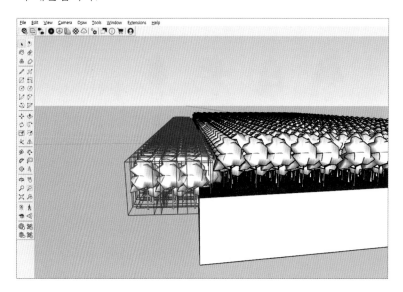

직접 해보세요! **Multi-Asset Placement 기능 활용하기**

이번에는 조금 더 효율적인 방법으로 나무를 심어 보겠습니다. 엔스케이프의 애셋 라이브러리를 이용하면 여러 종의 나무를 무작위로 빠르게 흩뿌릴 수 있어요.

01. ❶ 엔스케이프를 실행한 후 메뉴의 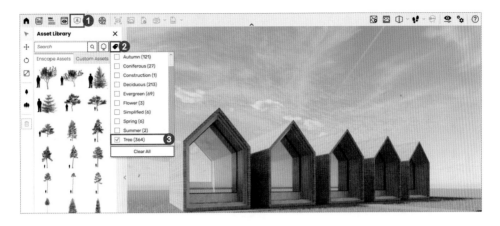 아이콘을 클릭해 Asset Library 창을 활성화합니다. ❷ 검색 상자의 오른쪽에 있는 아이콘을 클릭하고 ❸ [Tree]에 체크 표시합니다.

02. ❶ 아이콘을 클릭해 관련 항목을 활성화합니다. ❷ 왼쪽 하단에 있는 아이콘을 클릭하고 ❸ 대지 영역을 클릭합니다.

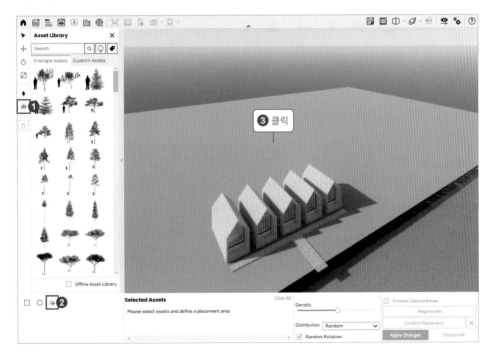

03. ❶ [Enscape Assets] 탭에서 나무를 클릭하면 Selected Assets에 추가되면서 선택 영역에 나무가 자동으로 흩뿌려집니다. ❷ Density 값을 조절해 흩뿌려진 객체의 밀도와 분포도를 조절할 수 있어요.

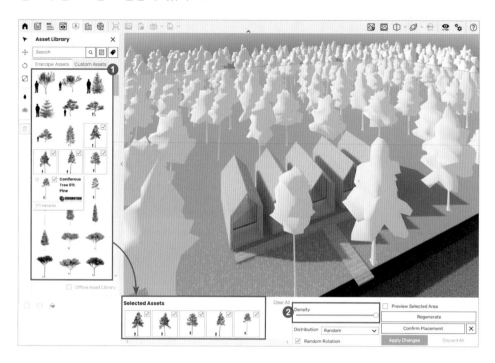

04. [Preview Selected Area]에 체크 표시하면 배치된 나무들을 렌더링한 모습을 미리 확인할 수 있어요.

미리 보기를 할 수 있어요!

05. 이대로 배치하려면 ❶ [Confirm Placement]를 클릭하고 ❷ [Apply Changes]를 클릭합니다.

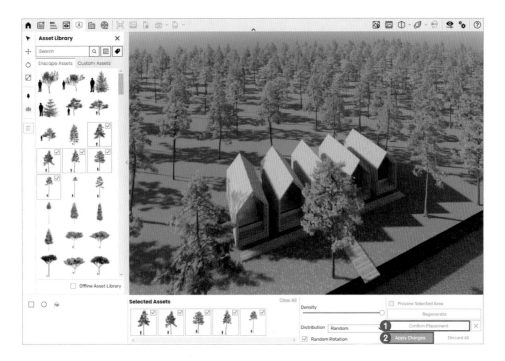

06. 스케치업으로 넘어가 장면의 부족한 부분을 수정합니다.

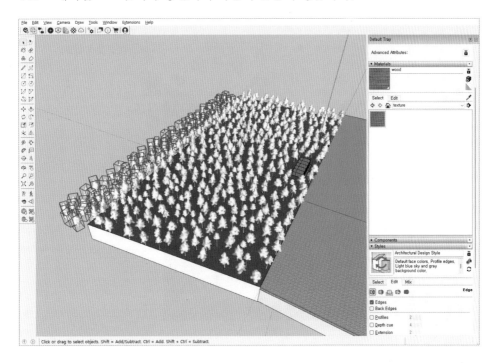

07. 사람 배치하기

스케치업에서 Enscape Asset Library 창을 열고 [People] 카테고리를 선택합니다.
연령대에 체크 표시하면 원하는 느낌의 인물을 좀 더 빠르게 찾을 수 있어요.

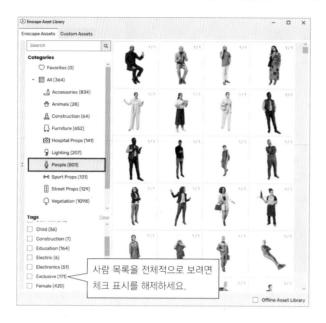

지금 만들고 있는 오두막 장면은 한적한 자연 속 휴양지 느낌이 나야 합니다. 사람이
너무 많으면 한적한 느낌이 깨질 수 있으니 적당히 배치하는 것이 좋아요.

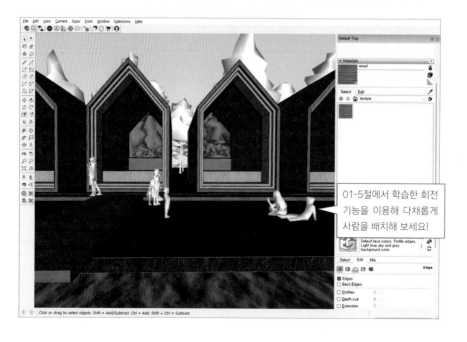

08. 가구 배치하기

오두막에 어울리는 가구들도 넣어 볼게요. [Furniture] 카테고리를 선택한 후 필요한 가구들을 찾습니다. 키워드를 알고 있으면 검색 상자에서 검색해도 됩니다.

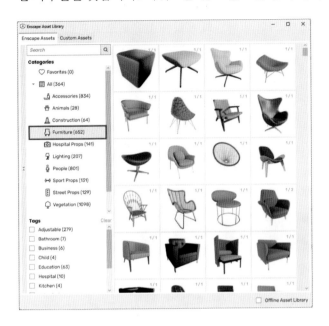

09. 자연물 배치하기

오두막 앞에 강이 흐르고 있죠? 강에는 바위 같은 자연물이 아주 많습니다. 이번에는 [Vegetation] 카테고리를 선택해 꽃, 바위, 동물 등 강가에 어울리는 자연 요소들을 넣어 보세요.

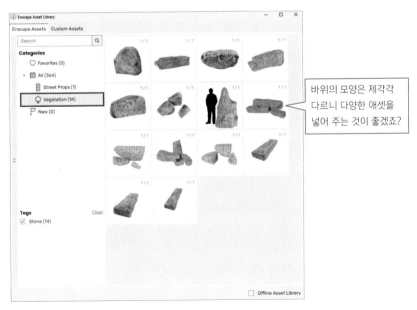

바위의 모양은 제각각 다르니 다양한 애셋을 넣어 주는 것이 좋겠죠?

태그로 애셋 정리하기

컴퓨터의 사양에 따라 애셋이 일정 개수 이상 들어가면 프로그램이 버벅거리는 등 작업 속도가 느려질 수 있는데요. 애셋 라이브러리 객체를 태그로 분류하면 다수의 객체를 한 번에 화면에서 껐다 켰다 하면서 파일의 용량을 효율적으로 관리할 수 있습니다. 앞서 추가한 나무와 가구, 사람 등을 세분화해서 태그로 분류해 볼게요.

01. 태그 세분화하기

Tags 패널에서 객체들을 속성별로 묶을 수 있어요. 먼저 ⊕ 아이콘을 클릭해 태그 종류를 필요한 만큼 만드세요. 여기서는 [01.people], [02.vegetation], [03.furniture]를 만들었습니다.

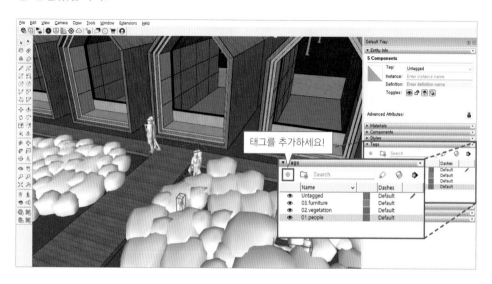

02. 태그 등록하기

[01.people] 태그에 객체를 등록해 보겠습니다.

❶ 사람 객체를 모두 선택한 후 ❷ Entity Info 패널에서 [01.people]을 선택합니다.
❸ 이와 같은 방법으로 나무는 [02.vegetation]으로, ❹ 가구는 [03.furniture]로 등록합니다. ❺ 관련없는 태그는 ◉ 아이콘을 클릭해 비활성화하세요. 그러면 컴퓨터가 좀 더 빨라집니다.

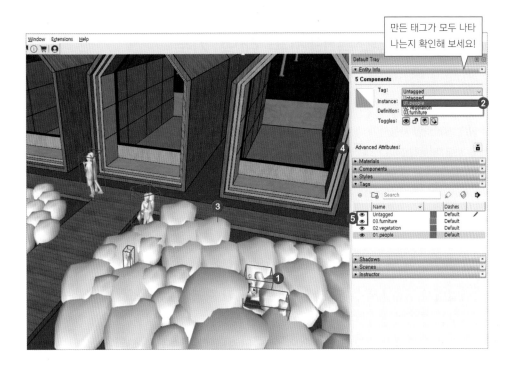

만든 태그가 모두 나타나는지 확인해 보세요!

스케치업이 너무 버벅거려요!

도면이나 외부 소스를 스케치업으로 불러오면 간혹 불필요한 데이터가 따라오는데, 이런 데이터가 쌓이면 스케치업의 속도가 느려집니다. 이런 경우에는 현재 사용하지 않는 데이터를 정리해 주는 '퍼지' 기능을 사용해 보세요. 스케치업의 메뉴에서 [Window→Model info]를 선택해 Model Info 창을 열고 [Statistics] 탭에서 [Purge Unused]를 클릭하세요. 작업 속도가 훨씬 빨라질 거예요.

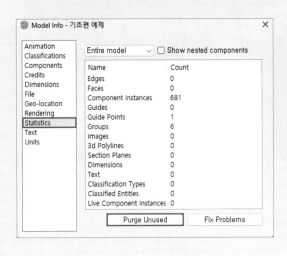

02-3 현실감을 더하는 랜덤 기능

• 준비 파일 이어서 실습　　• 완성 파일 없음

수많은 스케치업 사용자가 애용하는 루비 시리즈인 JHS PowerBar를 설치하고 그중에서도 랜덤 기능을 사용해 보겠습니다. JHS PowerBar에는 여기서 다루는 기능 외에도 유용한 기능이 아주 많으므로 유튜브에서 더 많은 자료를 찾아봐도 좋아요.

랜더링에서 한 끗 디테일이 중요한 이유

02-2절에서 심은 나무들을 다시 살펴보면 뭔가 어색하지 않나요? 사실 자연에 있는 나무는 크기가 모두 다릅니다. 이 세상에 똑같은 사람이 없는 것처럼 말이죠. 나무의 크기를 조금만 무작위로 바꿔 줘도 이미지의 퀄리티를 눈에 띄게 높일 수 있습니다. 현실감 있는 랜더링은 아주 작은 디테일이 모여서 만들어지거든요.

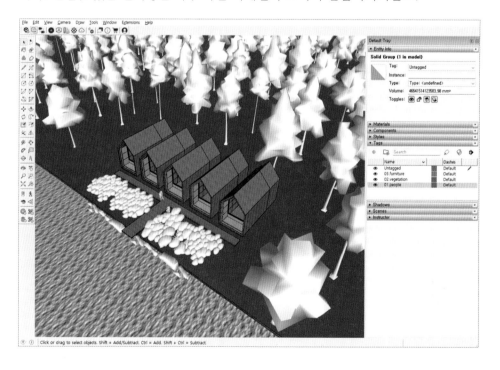

JHS PowerBar 설치하기

JHS PowerBar는 sketchUcation에서 무료로 내려받을 수 있어요.

01. sketchUcation 홈페이지에 접속해 JHS POWERBAR를 검색한 후 Cad Father (Max Coppoletta): JHS POWERBAR 2020을 내려받습니다.

- **sketchUcation 홈페이지 링크:** sketchucation.com/pluginstore

02. 스케치업을 열고 ❶ 메뉴에서 [Extensions → Extension Manager]를 선택합니다. ❷ Extension Manager 창이 열리면 [Manage] 탭에서 [Install Extension]을 클릭해 ❸ 파일을 설치합니다.

03. JHS PowerBar가 스케치업 화면에 나타나지 않으면 메뉴의 빈 곳에서 마우스 오른쪽 버튼을 눌러 [JHS PowerBar]를 선택합니다.

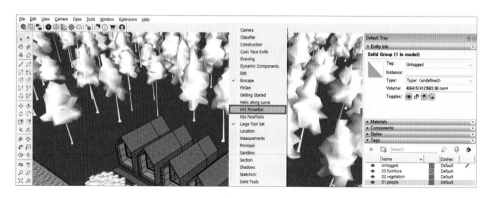

04. 루비가 표시되면 메뉴 쪽으로 드래그해 엔스케이프 루비 아래로 배치합니다.

JHS PowerBar의 랜덤 기능 살펴보기

JHS PowerBar에 있는 랜덤 기능을 사용하면 객체를 자연스럽게 배치할 수 있어요.

❶ Random Scale ： 객체의 크기를 무작위로 바꿉니다.

❷ Random Rotate ： 객체의 방향을 무작위로 회전합니다.

❸ Random Scale Size and Rotate ： 객체의 크기와 방향을 한 번에 무작위로 바꿉니다.

나무 크기와 방향 무작위로 배치하기

JHS PowerBar의 랜덤 기능을 사용해서 나무의 크기와 방향을 무작위로 배치해 보겠습니다.

01. ❶ 나무를 모두 선택하고 ❷ 🔧, 🔧, 🔧 아이콘을 각각 2~3회 클릭합니다.

❶ 모두 선택

너무 많이 클릭하면 지나치게 짧거나 뾰족해질 수 있으니 유의하세요!

02. 나무의 크기와 방향이 전체적으로 자연스러워졌나요? 오두막의 정면이 보이는 장면을 연출할 것이므로 정면 구도로 이동한 후 나무를 디테일하게 수정합니다. 눈에 거슬리는 한두 개의 객체만 잘 다듬어 주어도 이미지의 디테일이 점점 되살아납니다.

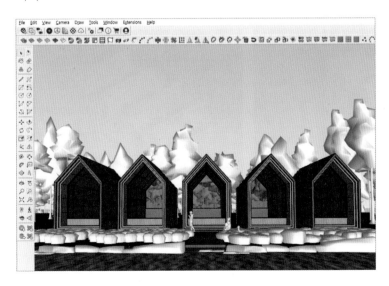

02-4 렌더링 재실행, 라이브 업데이트, 카메라 동기화

• 준비 파일 이어서 실습   • 완성 파일 없음

표현하려는 이미지를 제대로 구현하고 있는지 수시로 확인해야 뒤늦게 발견하고 크게 수정하는 일이 없어요. 엔스케이프에서 렌더링 재실행, 라이브 업데이트, 카메라 동기화 기능을 사용하면 매우 효율적으로 렌더링할 수 있으니 반드시 잘 익혀 두세요.

엔스케이프 루비에서 세 가지 아이콘을 적절히 다룬다면 작업에 필요한 화면을 문제 없이 확인할 수 있습니다. 다음 세 아이콘의 기능을 자세히 살펴보겠습니다.

렌더링 재실행하기

엔스케이프를 실행하는 ![icon] 아이콘은 렌더링 재실행 기능으로도 많이 사용합니다. 엔스케이프는 실시간 렌더링을 지원하지만, 가끔 화면이 즉시 업데이트되지 않거나 누락되는 경우가 있습니다. 특히 카메라 화각을 원근 투시에서 정사영(orthographic)이나 평행 투시(parallel projection)로 바꿀 때 이상 현상이 나타날 수 있어요. 이때 ![icon] 아이콘을 다시 클릭해 재실행하면 정상적으로 다시 업데이트됩니다. 뭔가 나타나거나 바뀌어야 하는데 그렇지 않다면 이 아이콘을 한번 클릭해 보세요.

오류가 발생한 화면

렌더링을 재실행한 화면

라이브 업데이트로 수정 사항 실시간으로 보기

라이브 업데이트(🖳)를 활성화하면 스케치업 및 엔스케이프에서 수정한 사항이 서로의 화면에 즉시 반영됩니다. 이 아이콘은 엔스케이프가 실행되면 자동으로 활성화되며, 한 번 더 클릭해서 비활성화하면 더 이상 수정이 반영되지 않아요.

작업량이 많지 않으면 라이브 업데이트를 활성화해도 상관없습니다. 하지만 일반적으로는 작업량이 많기 때문에 라이브 업데이트를 켠 상태로 많이 수정하면 스케치업이 강제 종료될 수 있어요. 그러므로 단순한 작업이 아니라면 라이브 업데이트 기능을 끄고 작업하는 것이 좋습니다.

카메라 동기화로 스케치업 화면을 엔스케이프에 그대로 보여 주기

카메라 동기화(🖳)를 활성화하면 지금 작업하는 화면을 그대로 확인할 수 있습니다. 스케치업 화면을 이리저리 움직여 보면 엔스케이프 화면도 똑같이 움직이는 것을 확인할 수 있어요.

만약 스케치업이 아닌 엔스케이프 화면에서 움직이거나 장면을 잡으려면 아이콘을 한 번 더 클릭해서 카메라 동기화를 해제해야 합니다.

카메라 동기화를 끈 경우

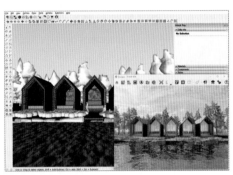
카메라 동기화를 켠 경우

특정 장면을 보면서 반대편의 객체를 수정해야 한다면, 라이브 업데이트를 켜서 수정 결과를 실시간으로 확인하되 카메라 동기화는 꺼서 수정할 화면과 결과 화면을 동시에 보며 작업하세요.

02-5 렌더링 분위기 설정하기

• 준비 파일 이어서 실습   • 완성 파일 없음

온도, 빛, 색감, 날씨 등을 어떻게 설정하느냐에 따라 렌더링의 분위기를 다양하게 조성할 수 있어요. 엔스케이프의 Visual Settings 창은 시각적 설정을 담당하는 제어판으로, 이미지 렌더링의 거의 모든 값을 제어할 수 있어요. 이번에는 Visual Settings 창의 [Main], [Image], [Atmosphere], [Sky], [Output] 탭을 자세히 살펴보겠습니다.

엔스케이프의 메뉴에서 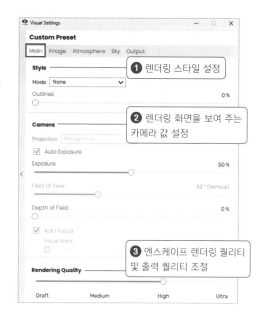 아이콘을 클릭하면 Visual Settings 창을 열 수 있어요.

▶ 직접 만져 보면서 몸으로 익히는 경험이 가장 중요합니다. 예제 모델링에 즉시 적용해 보면서 변화를 직접 확인해 보세요. 특히 중요한 항목은 ★ 표시가 붙어 있으니 놓치지 마세요!

[Main] 탭 — 포괄적으로 환경 설정하기

[Main] 탭에서는 렌더링 화면의 전반적인 설정을 다룹니다. Style에서는 화면의 스타일을 바꿀 수 있고, Camera에서는 노출값과 화각 등을 조절할 수 있으며, Rendering Quality에서는 전체적인 렌더링 품질을 조절할 수 있어요.

❶ Style: 렌더링 스타일을 설정할 수 있습니다.
- Mode: 렌더링 모드를 설정합니다.

  [None] 일반적인 상황에서 선택합니다.

  [White] 화면에 있는 거의 모든 객체를 흰색으로 표현합니다.

  [Polystyrol] White와 마찬가지로 화면의 거의 모든 객체를 흰색으로 표현합니다. 약간의 반사값을 추가할 수 있고 None 이미지를 후보정 및 합성으로 다채롭게 만들 수 있어요.

  [Light View] 엔스케이프 화면을 색 온도 표시 창으로 바꾸고 빛의 도달 여부 등을 확인할 수 있습니다.

Style: None

Style: White

Style: Polystyrol

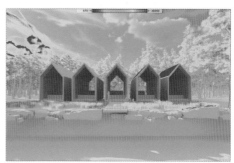

Style: Light View

- **Outlines:** 값이 커질수록 렌더링 화면에서 모든 객체의 외곽선이 굵어집니다. 10~15% 정도로 설정했을 때 객체에 외곽선이 적절하게 표현되면서 이미지를 강조할 수 있어요.

❷ **Camera:** 렌더링 화면을 보여 주는 카메라의 값을 설정합니다.

★ • **Projection:** 렌더링 화면의 시점을 바꿉니다.

[Perspective] 원근법이 적용된 시점으로 보여 줍니다. 파노라마, EXE, VR 등 엔스케이프를 이용한 다양한 옵션을 사용하려면 [Perspective] 모드로 설정해야 합니다.

[Two-Point] 규모가 큰 객체를 소실점이 2개인 시점으로 바라볼 때 발생하는 왜곡을 잡아 줍니다.
⑩ 외부에서 건물을 찍는 경우

[Orthographic] 평행 투시, 아이소메트릭(isometric)이나 입면 배치를 찍고 싶을 때 설정합니다.

Projection: Pespective

Projection: Two-Point

Projection: Orthographic

★ • **Exposure:** 노출은 가장 기본적이면서도 가장 중요한 설정입니다. 노출값을 어두울 때는 높이고 밝을 때는 낮춰 보세요. 엔스케이프 3.0 버전 이후 [Auto Exposure]의 기능이 크게 향상됐지만, 처음에는 [Auto Exposure]의 체크 표시를 해제하고 수동으로 지정해야 이후에 원하는 이미지를 수월하게 만들 수 있어요.

> 이미지가 많이 타지 않도록 노출값을 적절하게 잡는 것이 중요해요!

Exposure 값이 너무 낮은 경우

Exposure 값이 너무 높은 경우

★ • **Depth of Field:** Depth of Field 값을 조절하면 초점 설정인 Focal Point가 활성화됩니다. 화면을 보면서 Focal Point 값을 조절해 보세요. 흰색 띠가 화면에서 왔다갔다하는 것이 보이나요? 흰색 띠가 걸리는 부분에 초점이 맞춰지는데, 초점 외 부분을 더 흐리게 하려면 Depth of Field 값을 더 높여야 합니다.

Depth of Field: 0%

Depth of Field: 100%

❸ **Rendering Quality:** 엔스케이프 화면에 보이는 렌더링의 퀄리티 및 출력 퀄리티를 조절할 수 있습니다. 컴퓨터 사양에 맞게 설정하되, 출력물을 렌더링할 때는 [Ultra]로 설정해 주세요. 그렇지 않으면 유리 반사, 물, 잔디 등을 표현할 때 퀄리티가 떨어지게 되니 유의하세요.

Rendering Quality: Draft

Rendering Quality: Ultra

훨씬 또렷하고 생생한 느낌이 들죠?

[Image] 탭 — 화면 보정하기

[Image] 탭에서는 화면을 보정할 수 있어요. 보정 환경을 세밀하게 설정해 좀 더 섬세하게 렌더링할 수 있지만, 시간이 부족하면 기본값으로 두어도 좋습니다. 하지만 몇 가지 항목만 조절하면 훨씬 더 좋은 이미지를 만들 수 있어요.

★❶ **Corrections:** 화면의 색감을 보정합니다. [Auto Contrast]에 체크 표시를 하면 엔스케이프가 자동으로 렌더링의 대비를 조절합니다. 단, [Main] 탭의 Exposure와 마찬가지로 처음에 값을 지정할 때는 [Auto Contrast]의 체크 표시를 해제해 주세요. 자신도 모르게 보정이 되면 원하는 느낌을 잡기가 어려워질 수 있으니까요.

• **Highlights:** 밝은 부분을 더욱 밝게 보정합니다.
• **Shadows:** 그림자 부분의 명암을 조절할 수 있습니다. 대비를 줄이려면 Highlights 값과 Shadows 값을 음수로 설정해야 합니다.
• **Saturation:** 채도를 조절합니다.
• **Color Temperature:** 색 온도를 조절합니다. 이미지에 푸른빛 또는 붉은빛이 돌게 연출하거나 이미지에 붉은빛을 추가해 푸른빛을 상쇄시킬 때 또는 그 반대 상황에 유용한 기능입니다.

Color Temperature: 1,500K

Color Temperature: 15,000K

❷ Effects: 렌더링 화면을 최종 보정합니다.

• Motion Blur: 움직임에 대한 흐림 정도를 조절합니다.

• Lens Flare: 반사광을 조절해 발광체에서 렌즈 반사가 되는 효과를 표현합니다.

★ • Bloom: 이미지에 화사함이나 빛 번짐을 넣는 설정입니다. 최종 이미지를 렌더링하기 전에 적용해야 이미지 설정값을 정확하게 잡을 수 있어요.

Bloom: 100%

★ • Vignette: 이미지의 모서리에 흰색과 검은색의 비네팅 효과를 넣을 수 있어요. 이미지에 적당한 검은색의 비네팅을 넣으면 시선을 중앙으로 집중시키는 효과를 줍니다.

Vignette: 100%

[Atmosphere] 탭 ― 분위기 보정하기

엔스케이프 환경에서 안개, 자연광, 인공 조명의 밝기, 바람의 세기 등을 조절할 수 있어요. [Atmosphere] 탭의 설정값을 조절하면서 엔스케이프 화면을 비교해 보세요.

Wind 설정은 기본적으로 엔스케이프 머티리얼의 물 재질과 연동돼 있습니다. 02-6절의 water를 참고하세요.

★ ❶ Fog: 안개를 생성해 색다른 분위기를 연출할 수 있어요. 외부 투시도에서는 약간의 흐린 효과를 줄 수 있고 내부 투시도에서는 햇살이 떨어지는 표현을 할 수 있습니다.
- Intensity: 안개의 농도를 조절합니다.
- Height: 지면으로부터의 안개의 높이를 조절합니다.

Intensity: 100%, Height: 300m

★ ❷ Illumination: 빛과 관련된 값을 설정합니다.
- Sun Brightness: 태양의 밝기를 조절합니다.
- Night Sky Brightness: 엔스케이프에서 U 또는 I 를 눌러 시간대를 밤으로 바꾸거나 스케치업의 시간을 변경해 해를 사라지게 한 후 이 값을 계속 올리면 밤하늘이 나타납니다. 이 방법으로 밤하늘의 밝기를 조절할 수 있지만, 노출값을 과도하게 올리면 다른 설정값을 조절하기 어려우므로 웬만하면 이 값을 조절해 밤하늘을 표현하는 것은 피하는 게 좋습니다.
- Shadow Sharpness: 그림자의 선명도를 조절합니다. [Image] 탭의 Shadow 값을 조절할 때 함께 설정하면 매우 편리합니다.
- Artificial Light Brightness: 인공조명의 밝기를 조절합니다. Enscape Objects 창에서 설치한 인공조명 전체를 한 번에 조절할 수 있어요. 0%는 '끔(off)'으로, 100%는 '켬(on)'으로 생각하면 값을 쉽게 지정할 수 있어요. 이 옵션은 03-3절에서 좀 더 자세히 다룹니다.
- Ambient Brightness: 실내의 밝기를 설정합니다. 100%로 설정하면 불빛이 전혀 없는 실내에서도 어느 정도 내부가 밝혀져서 보일 정도로 빛을 보정할 수 있어요. 주로 실내 공간의 모서리 부분을 밝힐 때 사용합니다.

★ ❸ **Wind:** 엔스케이프 환경에서 부는 바람의 속성을 조절할 수 있어요. 애셋 라이브러리의 식생과 엔스케이프의 물 재질이 바람 설정에 영향을 받습니다.
  - **Intensity:** 바람의 세기를 조절합니다.
  - **Direction Angle:** 바람의 방향을 조절합니다.

[Sky] 탭 — 하늘과 배경 조정하기

엔스케이프의 하늘과 배경에 관한 값을 조절할 수 있습니다. 엔스케이프에서 제공하는 배경을 선택하거나 사용자가 개인적으로 넣고 싶은 HDRI(High Dynamic Range Image)를 넣을 수 있어요.

▶ HDRI란 사진으로부터 얻은 이미지를 톤 매핑해 만든 이미지를 말해요! Source를 [Skybox]로 설정하면 외부에서 내려받은 HDRI를 적용할 수 있습니다.

★ ❶ **White Background:** 배경색을 '흰색으로 보이게' 설정할 수 있어요. 내부 투시도 작업을 할 때 [White Background]에 체크 표시하고 작업하는 것을 추천합니다. 내부 장면이 중요한 인테리어 렌더링에서는 외부 객체가 오히려 방해가 될 수 있기 때문이에요. 흰색으로 보이지만 실제로는 흰색이 아니므로 객체에 반사되는 하늘은 기존에 설정한 Sky 값을 따라갑니다.

[White Background]의 체크 표시를 해제한 경우

[White Background]에 체크 표시한 경우

★ ❷ **Horizon:** 렌더링 화면의 배경을 설정할 수 있어요.

- **Source:** 엔스케이프에서 제공하는 아홉 가지 배경 옵션(Clear, Desert, Forest, Mountains, Construction Site, Town, Urban, White Cubes, White Ground)과 사용자들이 원하는 HDRI를 넣을 수 있는 [Skybox] 옵션을 이용해 더욱 사실적으로 렌더링할 수 있어요.
- **Rotation:** 배경 이미지를 회전합니다.

Forest — Rotation: 0°

Forest — Rotation: 250°

- **Brightest Point as Sun Direction:** Source를 [Skybox]로 선택하면 나타나는 옵션입니다. 체크 표시하면 HDRI에 맞춰 엔스케이프의 태양이 따라갑니다.
- **Normalize the average brightness to the value set below.:** 마찬가지로 Source를 [Skybox]로 선택하면 나타나는 옵션입니다. 체크 표시하면 HDRI의 밝기를 조절할 수 있습니다.

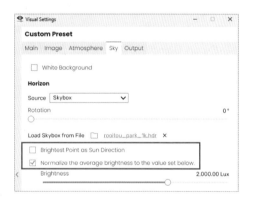

- **Moon Size:** Source로 [Skybox] 외의 옵션을 선택하면 Moon Size가 활성화됩니다. 엔스케이프의 시간대가 밤으로 넘어갔을 때 나타나는 달의 크기를 조절할 수 있어요.

Moon Size: 100%

Moon Size: 1,000%

❸ **Clouds:** 구름의 양, 종류, 새털구름의 양, 선명도, 구름의 이동 방향 등 구름의 상태를 조절합니다. 단, Source를 [Skybox]로 선택하면 Clouds가 활성화되지 않습니다.

[Output] 탭 — 출력 설정하기

[Output] 탭에서는 이미지, 영상, 파노라마를 출력하는 데 필요한 해상도, 채널, 확장자 등을 설정할 수 있어요.

❶ General: 출력할 이미지의 크기를 조절합니다. 최종 렌더링이 아니면 추출할 비율을 따져서 작게 설정해야 컴퓨터에 무리가 되지 않습니다. 컴퓨터 화면과 같은 비율로 설정하려면 [Use Viewport Aspect Ratio]에 체크 표시하세요. Resolution에서 [Custom]을 선택하면 원하는 크기를 직접 입력할 수 있어요.

❷ Image: 편집에 유용한 매핑, 확장자, 저장 폴더를 지정할 수 있어요.

- **Export Object-ID, Material-ID, Depth Channel and Alpha Channel:** 이 항목에 체크 표시하면 Object ID, Material ID, Depth Channel, Alpha Channel 이미지를 추출할 수 있어요. 포토샵에서 원본 이미지에 겹쳐 사용하면 콘셉트 이미지를 만들 때 매우 유용합니다.
- **File Format:** 이미지의 확장자를 설정합니다.
- **Apply Alpha Channel:** 이 항목에 체크 표시한 후 스크린샷을 클릭하면 [Sky] 탭에 등록한 HDRI 배경 이미지가 빠진 png 파일로 추출됩니다. 반사체에 반사된 배경은 사라지지 않습니다.

기본 렌더링 이미지

배경 이미지가 빠진 경우

- **Default Folder:** 결과물을 저장할 위치를 설정합니다.

❸ Video: 출력되는 비디오의 품질과 초당 프레임 수를 설정할 수 있습니다. 여기서 설정하지 않아도 비디오 렌더링을 할 때 다시 설정할 수 있어요.

❹ Panorama: 360° 파노라마 뷰의 화질을 결정할 수 있습니다.

엔스케이프에서 보이는 그대로 출력되나요?

결과물은 Visual Settings 창의 [Output] 탭에 있는 General에서 설정한 값에 맞춰 출력됩니다. 엔스케이프에서 ▨ 아이콘을 클릭하면 앞에서 설정한 화면 비율에 맞춘 출력 화면을 미리 확인할 수 있습니다. 그러므로 출력을 고려해서 작업한다면 ▨ 아이콘을 꼭 켜고 작업하세요.

02-6 재질 디테일하게 조정하기

• 준비 파일 이어서 실습　　• 완성 파일 없음

재질값을 세밀하게 조절하면 이미지를 좀 더 사실적으로 표현할 수 있어요. Enscape Material Editor 창에서 재질을 세밀하게 조정할 수 있는데, 각 옵션별로 잔디, 물, 반사 물체 등의 재질을 표현하는 방법을 살펴볼게요.

Enscape Material Editor 창 살펴보기

 아이콘을 클릭해 Enscape Material Editor 창을 엽니다.

B를 누르면 페인트통 도구 가 활성화되고, 이 상태에서 Alt를 누르면 스포이트가 활성화됩니다. 스포이트로 재질을 설정할 객체를 찍으면 Enscape Material Editor 창에서 해당 객체의 재질을 수정할 수 있습니다.

> 특히 잔디, 물, 카펫은 엄청난 퀄리티의 결과물을 기대할 수 있어요!

★ ❶ Type: 특정 재질의 특성을 설정할 수 있어요.

　[○ Generic] 기타 재질

　[◈ Carpet] 카펫

　[🚗 Clearcoat] 철판

　[🍃 Foliage] 반투명 물체

　　🅰 식물, 피부 등

　[🌿 Grass] 잔디

　[☀ Self-illuminated] 자체 발광체

　[🌊 Water] 물

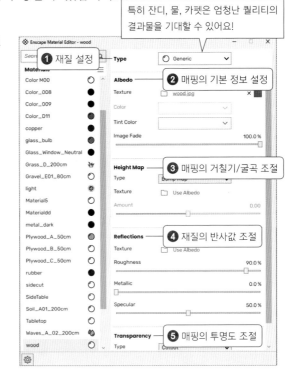

▶ Type을 [Grass] 또는 [Carpet]으로 설정하면 잔디 또는 카펫의 길이와 길이의 변화 폭을 조절할 수 있어요.

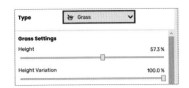

▶ Type을 [Water]로 설정하면 물의 색, 물이 흐르는 방향, 파도의 높이와 스케일, 물 속에서의 빛 번짐 정도를 설정할 수 있어요. [Override Global Wind Settings]에 체크 표시하면 Visual Settings 창의 [Atmosphere] 탭에 있는 Wind 설정과 다르게 설정할 수 있습니다.

파도의 높이와 스케일은 현실 세계에서 먼저 관찰한 후에 조절해야 좀 더 사실적으로 표현할 수 있어요.

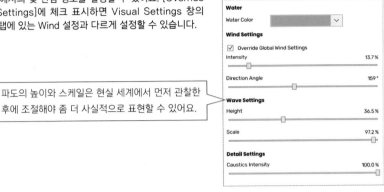

❷ **Albedo:** 매핑의 기본 정보를 설정할 수 있어요. 해당 매핑 텍스처의 경로, 매핑의 주된 색깔, 색을 조합할 수 있는 틴트 컬러를 설정할 수 있고, 기존 매핑을 점점 사라지게 할 수 있는 Image Fade 기능도 제공합니다. Image Fade는 렌더링 화면에서 확인할 수 있고, 기존 매핑값을 줄인 후 Color와 Tint Color로 색에 변화를 주거나 Height Map의 적용 여부를 명확하게 보기 위해 사용합니다.

★ ❸ **Height Map:** 매핑의 거칠기와 굴곡을 표현할 수 있습니다.
• **Type:** 적용할 수 있는 Height Map의 Type에는 [Bump map], [Normal map], [Displacement map]으로, 총 세 가지 옵션이 있습니다.

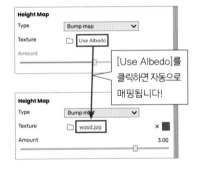

[Use Albedo]를 클릭하면 자동으로 매핑됩니다!

[Bump map] 렌더링에 표현되는 재질의 거칠기를 흰색, 회색, 검은색으로 표현합니다. 흰색은 함몰, 검은색은 돌출, 회색은 매핑과 똑같은 높이입니다. 재질의 '높이' 데이터만 포함하므로 [Normal map]보다 용량이 작습니다.

[Normal map] 렌더링에 표현되는 재질의 거칠기를 표현합니다. [Bump map]과 달리 재질의 '방향성'에 대한 데이터를 포함해 용량이 크지만, 최근에는 [Bump map]보다 [Normal map]을 더 많이 사용하는 추세입니다.

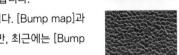

[Displacement map] 렌더링에만 나타나는 재질을 표현할 때 [Bump map]과 [Normal map]을 사용한다면, [Displacement map]은 '실제 모델링'에서 재질의 '거칠기'를 표현할 때 적용합니다. 다른 매핑보다 용량이 크지만 실제 같은 디테일을 표현할 수 있다는 것이 강점이고, 자갈, 돌벽, 벽돌담 등을 표현할 때 매우 유용합니다.

- **Texture:** 이미지가 있는 매핑인 경우 [Use Albedo]를 클릭하면 엔스케이프에서 자동으로 Height Map을 만들어 줍니다. 물론 좀 더 세밀하게 표현하려면 제대로 만들어진 [Bump map], [Normal map], [Displacement map] 파일을 찾아 설정하는 것이 좋습니다.
- **Amount:** 매핑 정도를 조절할 수 있습니다. [Normal map]과 [Displacement map]은 음수도 입력할 수 있어요. 방향이 헷갈릴 때는 Albedo의 Image Fade 값을 0%로 설정한 후 화면을 확인하면서 굴곡 방향을 조절해야 합니다.

★ ❹ **Reflections:** 재질의 반사값을 조절할 수 있어요.
- **Roughness:** 값이 0%에 가까울수록 완벽한 반사체가 됩니다. 일반적으로 반사되는 유리를 만들 때 Roughness 값을 0%로 설정합니다.
- **Metallic:** 금속 재질 설정값으로, 0%이면 비금속을, 100%이면 금속을 표현합니다. 100%로 설정하면 Specular가 비활성화됩니다.
- **Specular:** 프레넬(fresnel)의 세기를 조절합니다. 프레넬이란, 바라보는 각도에 따라 반사되는 빛의 세기가 달라지는 것을 의미합니다. 거의 모든 객체가 50% 정도의 값을 갖지만, 예외로 세라믹은 70% 정도입니다.

★ ❺ **Transparency:** 매핑의 투명도를 조절합니다.
- **Type:** 매핑의 유형을 설정합니다.
  [Cutout] 반투명한 매핑의 값을 조절합니다.
  [Transmittance] 매핑의 투명도를 조절합니다.

> 엔스케이프 3.1 이전 버전에서의 Transparency 기능과 같습니다.

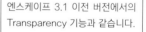

Transparency: Cutout

Transparency: Transmittance

• **Texture:** Type을 [Cutout]으로 설정하면 활성화되는 옵션으로, 패턴이 있는 흑백의 매핑을 추가하면 불투명한 객체를 원하는 대로 조절할 수 있습니다.

밝기를 조절해 보세요!

• **Frosted Glass:** 불투명한 유리로 만들 수 있는 옵션으로, Type 을 [Transmittance]로 설정하면 활성화됩니다. 체크 표시하면 Reflections의 Roughness 값이 클수록 매핑이 불투명해집니다.

• **Opacity:** 투명도를 조절하는 옵션입니다. Type을 [Transmittance]로 설정하면 활성화됩니다.

• **Refractive Index:** 굴절률을 설정하는 옵션으로, Type을 [Transmittance]로 설정하면 활성화됩니다.

• **Tint Color:** 재질에 색감을 곱하는 옵션으로, Type을 [Transmittance]로 설정하면 활성화됩니다. 보통 건축물의 창문 유리에도 약간의 색이 들어가 있으므로 상황에 맞게 적용하면 더욱 섬세한 이미지를 만들 수 있어요.

선배의
렌더링
노트

키워드 입력으로 간단하게 재질을 넣을 수 있어요!

특정 재질 키워드를 이름에 넣으면 엔스케이프에서 미리 만들어 놓은 재질 값이 렌더링 화면에 나타납니다. 엔스케이프 홈페이지에서 관련 내용을 찾아볼 수 있습니다.

• 엔스케이프 재질 키워드 링크: learn.enscape3d.com/blog/knowledge base/sketchup/#keywords

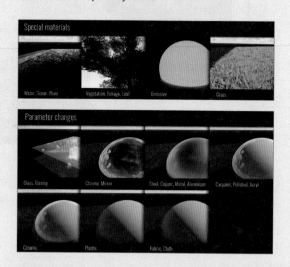

키보드에서 B와 Alt를 순차적으로 눌러 스포이트를 활성화하고 원하는 재질을 클릭합니다. 그런 다음 스케치업의 Materials 패널에 나타난 재질 이름에 원하는 키워드를 추가로 입력하면 됩니다. 정말 간단하죠?

'water_'를 추가로 입력하니 물 재질이 적용됐어요!

▷ **오두막 유리창과 흐르는 강물 매핑하기**

Enscape Material Editor 창의 옵션을 살펴봤으니 직접 매핑해 볼게요. 오두막의 분위기를 한층 살릴 수 있도록 오두막의 유리창과 오두막 앞을 흐르는 강물의 재질을 만져 봅시다.

01. 강물 재질값 설정하기

키보드에서 [B]와 [Alt]를 순서대로 눌러 스포이트를 활성화한 후 강물 부분을 클릭합니다. Enscape Material Editor 창을 열어 Type 이 [Water]로 지정돼 있는지 확인하고 파도의 높이(Height)와 크기 (Scale)를 조절합니다.

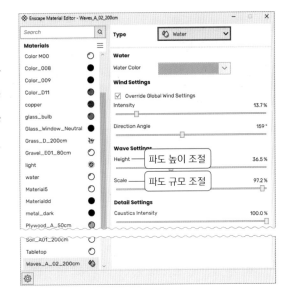

표현하고 싶은 느낌을 가진 강물의 실제 사진을 찾아 관찰하고 그 이미지와 비슷하게 표현되도록 값을 지정하면 최대한 사실적으로 표현할 수 있습니다.

02. 오두막 유리창 투명도 설정하기

마찬가지로 키보드 B 와 Alt 를 눌러 스포이트를 활성화한 후 오두막의 유리창을 클릭합니다. 유리 재질에 가장 큰 변화를 줄 수 있는 설정은 Transmittance의 Opacity와 Reflections의 Specular입니다.

Opacity 값을 조절하면 투명도를 조절할 수 있는데, 값이 작을수록 투명해집니다.

Opacity: 0%

Opacity: 95%

03. 유리창에 반사광 적용하기

Specular는 주변 반사 정도를 나타냅니다. Specular 값이 클수록 주변부를 더 많이 반사하기 때문에 유리에 상이 더 많이 비칩니다.

Specular: 0%

Specular: 100%

02-7 렌더링 설정값 저장하기

•준비 파일 이어서 실습　•완성 파일 없음

같은 건물이라도 공간마다 표현하고 강조해야 하는 것이 다르기 때문에 엔스케이프 렌더값도 다르게 설정하는 것이 좋습니다. 하지만 장면을 이동할 때마다 일일이 설정값을 바꾼다는 것은 굉장히 번거롭겠죠. 따라서 각각의 장면을 저장하고 장면마다 설정값을 연동해 두는 것을 추천합니다.

Visual Settings 창에서 설정값 저장하기

Visual Settings 창에 있는 〈 버튼을 클릭하면 숨겨진 창이 열리는데, 바로 이 창에서 설정값을 저장할 수 있어요. Visual Settings 창의 모든 설정값은 실시간으로 저장됩니다. 하단에 있는 [Create Preset]을 클릭하면 또 하나의 다른 설정값을 추가할 수 있어요.

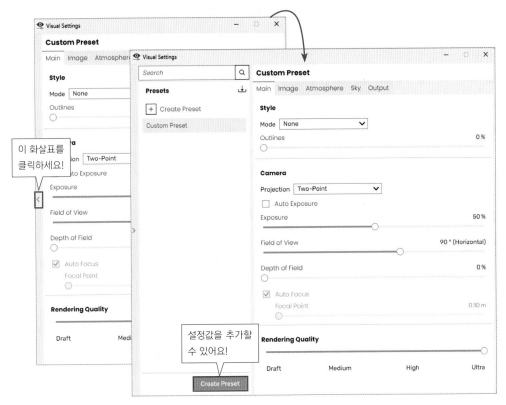

등록한 설정값 위에서 마우스 오른쪽 버튼을 누르면 총 5가지의 옵션이 나타납니다.

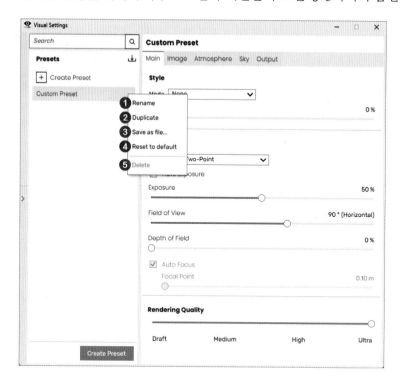

❶ Rename: 해당 설정값의 이름을 바꿉니다.

❷ Duplicate: 해당 설정값을 복제합니다.

❸ Save as file: 해당 설정값을 파일 형태로 컴퓨터에 저장합니다. 다른 사람들과 값을 공유하거나 다른 스케치업 파일에서 해당 값을 불러올 때 유용하게 사용할 수 있어요. 단, Skybox의 HDRI는 경로를 인식하므로 다른 컴퓨터 또는 같은 컴퓨터여도 해당 경로에 HDRI가 저장되어 있지 않으면 제대로 보이지 않아요. 이 문제를 해결하려면 같은 HDRI를 해당 경로에 그대로 넣어 주면 됩니다.

❹ Reset to default: 해당 설정값을 기본값으로 초기화합니다.

❺ Delete: 해당 설정값을 삭제합니다.

설정값 불러오기

오른쪽 상단에 있는 ⬇ 아이콘을 클릭하면 저장된 설정값을 불러올 수 있어요. 불러온 설정값은 Presets 아래에 차례대로 나열됩니다.

설정값을 불러올 수 있어요.

02-8 다양한 장면을 위한 준비

· 준비 파일 이어서 실습　· 완성 파일 없음

엔스케이프 3.0 버전부터 View Management 기능이 대폭 강화되어 엔스케이프에서 돌아다니면서 장면을 잡을 수도 있고 설정값도 연동할 수 있어요. 이번에는 엔스케이프 2.9 이하 버전에서 제대로 사용할 수 없었던 배치 렌더 문제를 해결한 새로운 View Management를 소개합니다.

엔스케이프에서 장면 잡기

카메라 동기화를 끄면 Walk 모드와 Fly 모드를 자유롭게 전환할 수 있습니다. 원하는 위치에서 Visual Settings 설정값을 조절한 후 View Management에서 [Create View]를 클릭해 장면을 만들어 보세요.

이름을 알아보기 쉽게 설정한 후 오른쪽에 있는 ♡ 아이콘을 클릭해서 해당 장면을 Favorites에 등록하면 좀 더 빠르게 원하는 장면을 찾을 수 있어요. 만들어진 장면은 스케치업에서도 확인할 수 있습니다.

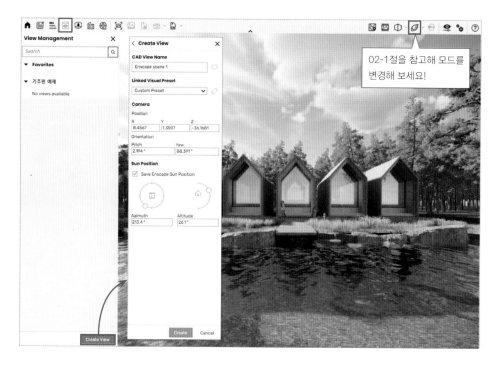

저장해 둔 설정값 연동하기

엔스케이프 3.0으로 업데이트되면서 설정값을 연동하는 기능이 크게 강화됐습니다. 기존에는 장면별로 설정값이 다르면 상황에 맞게 일일이 수동으로 설정값을 바꿔가면서 장면을 찍었습니다. 하지만 엔스케이프 3.0 버전부터는 기존에 저장해 둔 장면의 설정값을 연동할 수 있습니다. 바로 Linked Visual Preset에서 앞에서 만든 설정값을 선택하는 방법입니다. 설정값을 연동하면 해당 장면을 선택했을 때 연동된 설정값이 자동으로 나타납니다.

카메라 위치 및 엔스케이프 내 태양 위치 수정하기

엔스케이프 3.3 이하 버전에서는 이미 저장한 장면의 카메라 위치나 태양 위치를 수정할 수 없었습니다. 따라서 장면을 수정한 뒤 별개의 것으로 새로 저장해야 했죠. 그러나 엔스케이프 3.4 버전부터는 장면 목록 위에 마우스 포인터를 올리면 나타나는 ✏ 아이콘을 클릭하고 Edit View 창에서 기존에 만든 장면의 카메라 위치 또는 태양 위치를 수정할 수 있습니다.

카메라 위치는 좌표계, 태양은 방위각과 고도를 조절하면 됩니다. Edit View 창 하단에 있는 [Save]를 클릭해 바뀐 장면을 기존의 장면에 덮어쓰기 하세요.

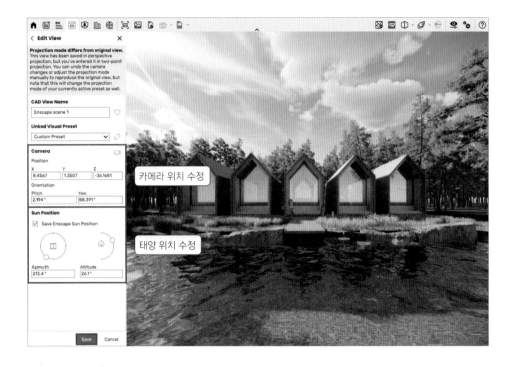

배치 렌더링으로 한 번에 원하는 장면 추출하기

배치 렌더링(batch rendering)은 여러 장면을 한 번에 추출할 수 있는 기능입니다. View Management를 이용해 설정값을 연동하면 훨씬 더 유용하게 사용할 수 있어요.

🖼 아이콘을 클릭하면 Favorites에 저장해 둔 장면 목록이 표시됩니다. 이 목록에서 필요한 항목에 체크 표시한 후 [Render Images]를 클릭하면 선택한 장면이 한 번에 추출됩니다.

02-9 렌더링 화면을 영상으로 출력하기

• 준비 파일 이어서 실습   • 완성 파일 cabin.mp4

엔스케이프의 가장 강력하고 기대되는 기능은 단연 영상 만들기입니다. 엔스케이프로 보고 있는 화면을 영상으로 제작할 수 있어요. 단, 각각의 개체에 개별 애니메이션 기능을 넣을 수는 없어서 사람이나 차 등을 움직이게 하는 효과를 구현할 수 없습니다. 그러나 언젠가는 이 기능이 추가될 것으로 예상됩니다.

Video Editor 창의 옵션 살펴보기

여러분이 지금 보고 있는 엔스케이프 화면을 기준으로 오두막이 점점 가까워지는 간단한 영상을 만들어 보겠습니다. 엔스케이프를 실행한 상태에서 Ⓥ를 누르거나 엔스케이프의 메뉴에서 📽 아이콘을 클릭하면 Video Editor 창이 열립니다.

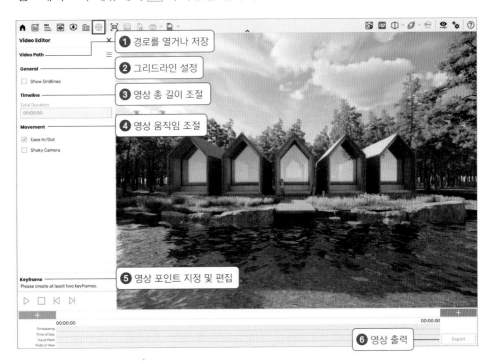

❶ **Video Path:** 새롭게 작업할 경로 파일을 열거나, 작업한 비디오 경로를 저장하고 불러옵니다.

❷ **General:** [Show Gridlines]에 체크 표시하면 영상 작업 화면에 3×3 그리드라인이 생성됩니다. 해당 그리드라인을 기준으로 영상의 화면 비율을 조절할 수 있어요.

❸ **Timeline:** Total Duration에서 영상의 총 길이를 지정합니다.

❹ **Movement:** 영상의 움직임을 조절합니다.
  • **Ease In/Out:** 시작 지점에서는 점점 빨라지고 끝 지점에 도달하면서 점점 느려집니다.
  • **Shaky Camera:** 영상이 실제로 카메라를 들고 있는 것처럼 움직입니다.

❺ **Keyframe:** 영상의 포인트를 지정 및 편집합니다. 영상을 제작하려면 시작점과 끝점으로 사용할 최소 2개의 키프레임이 필요합니다. 엔스케이프 화면을 원하는 위치로 이동한 후 오른쪽 하단에 있는 ████+████ 버튼을 클릭하면 키프레임을 만들 수 있어요.
  • **Timestamp:** 해당 키프레임의 지점(위치)을 나타냅니다.
  • **Time of Day:** 해당 키프레임의 시간대를 나타냅니다. 키프레임을 2개 추가하면 영상을 재생했을 때 시간의 흐름을 볼 수 있어요.
  • **Focal Point:** 키프레임별로 초점을 흐리게 또는 선명하게 조절합니다.
  • **Field of View:** 해당 키프레임의 화각을 조절합니다.

Keyframe (1 / 2)	각 키프레임을 개별적으로 설정해요!
Camera	
Keyframe Overrides	
☐ Timestamp	00:00:00
☐ Time of Day	7:45 AM
☐ Focal Point	2 m
☐ Field of View	90 °

❻ **Export:** Video Editor 창에서 작업한 내용을 바탕으로 영상을 출력합니다. 클릭하면 Video Export 창이 열립니다.
  • **Resolution:** 영상의 화면 크기를 지정합니다.
  • **Compression Quality:** 영상의 품질을 지정합니다.
  • **Frames per Second:** 초당 프레임 수를 지정합니다.

Video Export	— □ ×
Resolution	Full HD ▾ 1920 × 1080 Aspect Ratio: 1.78
Compression Quality	Maximum ▾
Frames per Second	30 ▾
	Export Cancel

직접 해보세요! ▷ **오두막에 다가가는 영상 만들기**

오두막으로 다가가는 듯한 간단한 영상을 만들어 보겠습니다. 먼저 Video Editor 창을 실행하고 오두막을 바라보도록 장면을 잡아 보세요.

01. ❶ Video Editor 창에서 [Show Gridlines]에 체크 표시해 그리드라인을 켜고 ❷ 왼쪽 하단에 있는 ████+████ 버튼을 클릭해 키프레임 1개를 만듭니다.

02. 마우스 휠을 위쪽으로 굴려서 오두막 방향으로 다가갑니다.

❶ 다시 한번 왼쪽 하단에 있는 ▓▓▓ **＋** ▓▓▓ 버튼을 클릭해 키프레임을 추가하고 ❷ Time line의 Total Duration 값을 10초(00:00:10)로 변경하세요.

03. ❶ 첫 번째 키프레임을 클릭하고 Time of Day를 12:01 PM으로 변경합니다. ❷ 같은 방법으로 두 번째 키프레임의 Time of Day를 2:00 PM으로 변경하고 ❸ 오른쪽 하단에 있는 [Export]를 클릭하세요.

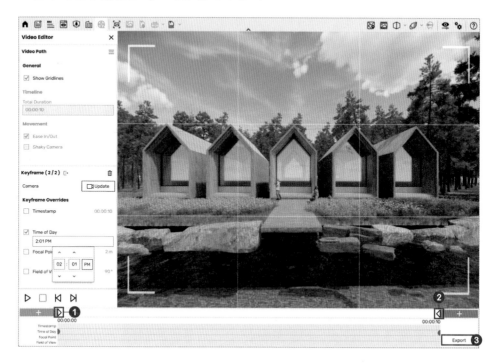

04. ❶ Resolution은 [Full HD], ❷ Compression Quality는 [Maximum]으로 설정합니다. ❸ Frames per Second는 [120]으로 설정하고 ❹ 다시 한번 [Export]를 클릭해 영상을 출력합니다.

QR코드를 스캔해 영상을 확인해 보세요!

▶ 03-2절에서 사용할 것이니 알아보기 쉬운 파일명으로 저장해 두세요. 여기서는 cabin.mp4라고 저장했습니다.

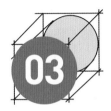

03

한 끗 차이를 만드는
내부 렌더링

앞서 엔스케이프의 전반적인 기능과 외부 환경값을 조절하는 방법을 익혔나요? 02장에서 오두막 외부를 렌더링하면서 엔스케이프의 기본 기능을 살펴봤다면 이번 장에서는 오두막의 내부 환경까지 조성해 렌더링의 완성도를 한층 더 높여 보겠습니다. 특히 지난 장에서는 제대로 다루지 않았던 인공조명도 다양하게 사용해 볼 거예요. 가볍게 따라 해보세요.

03-1 오두막 내부에 가구와 사람 세팅하기

• 준비 파일 이어서 실습, furniture.skp, light.skp, laptop.skp • 완성 파일 없음

모델링 내부에 가구와 사람 등을 배치하면 공간의 스케일을 쉽게 가늠할 수 있어요. 오두막 내부에 가구와 사람 소스를 넣어 공간감을 살려 보세요.

내부 투시도 작성을 위한 준비

스케치업 화면에 보이는 5개의 오두막 중에서 가장 가운데에 있는 오두막의 내부로 들어가 내부에서 바깥의 호수를 바라보는 시점으로 지정해 놓으세요. 이제부터 휑한 내부 공간을 꾸며 볼까요?

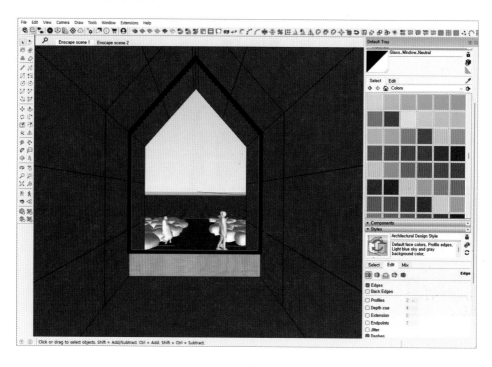

스케치업으로 소스 불러오기

3D 웨어하우스에서 소파, 테이블, 의자로 구성된 가구 소스와 조명 소스, 노트북 소스를 내려받은 후 스케치업으로 불러와 보겠습니다.

01. 소스 파일 내려받기

3D 웨어하우스에 접속해 렉터스 furniture, 렉터스 light, 렉터스 laptop을 검색하고 파일을 컴퓨터에 저장합니다. 자료실에서 내려받은 파일을 사용해도 됩니다.

▶ 예제 파일의 버전이 자신이 사용하는 스케치업 버전보다 높으면 01-3절을 참고하세요.

02. Import 창으로 소스 파일 불러오기

스케치업 파일을 오두막으로 가져와 볼게요. ❶ 메뉴에서 [File→Import]를 선택하고 ❷ Import 창에서 furniture 파일을 선택한 후 ❸ [Import]를 클릭해 파일을 불러옵니다. 원하는 위치를 클릭하면 불러온 가구의 위치가 지정됩니다.

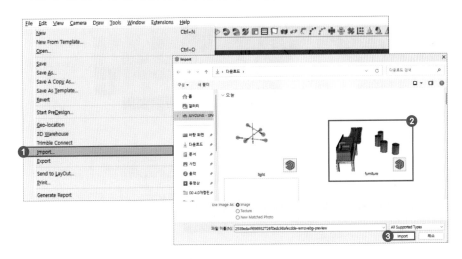

03. 드래그해 소스 파일 불러오기

소스 파일을 불러오는 또 다른 방법은 파일을 작업할 스케치업으로 드래그해 끌어 오는 것입니다. 로딩이 완료된 후 임의의 위치를 클릭하면 클릭한 위치로 소스가 불러와집니다.

▶ 파일 크기가 크면 튕길 수 있으니 크기가 작을 때 사용하세요!

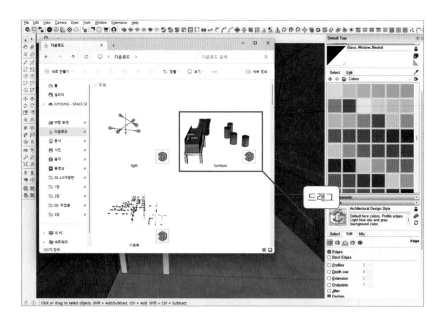

04. 가구 배치하기

스케치업으로 불러온 가구 소스를 다음과 같이 오두막 내부에 배치합니다.

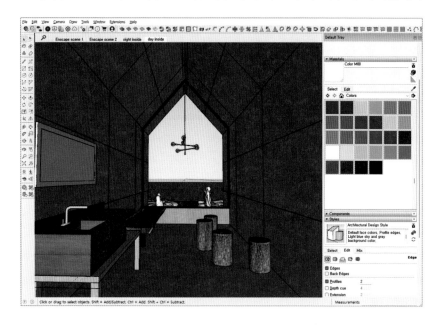

05. 사람 배치하기

Enscape Asset Library 창에서 사람을 불러와 배치해 볼게요. ❶ 카테고리에서 [People]을 선택하고 ❷ 원하는 사람을 골라 보세요.

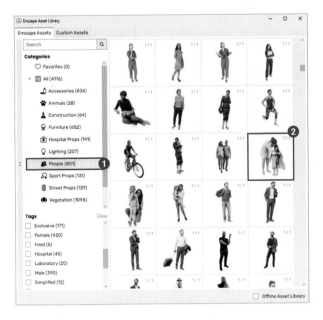

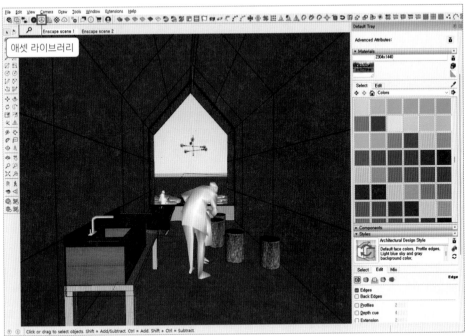

03-2 움직이는 디스플레이 화면 만들기

• 준비 파일 이어서 실습, cabin.mp4   • 완성 파일 없음

엔스케이프 2.9 버전부터 추가된 Video Texture는 엔스케이프의 디스플레이 화면에 영상을 재생하는 기능입니다. 정지된 이미지에서는 영상이 재생되지 않아 변화를 볼 수 없지만, 화면을 움직이면 영상이 재생되면서 한 곳 차이를 만들 수 있어요.

직접 해보세요! 렌더링 영상 재생하기

03-1절에서 세팅한 노트북 화면에 02-9절에서 만든 영상을 넣어 보겠습니다.

01. ❶ B와 Alt를 눌러 스포이트를 활성화한 후 ❷ 스포이트로 노트북 화면을 클릭하세요. ❸ 🏵 아이콘을 클릭해 Enscape Material Editor 창을 엽니다.

> 재질이 잘 나오지 않으면 노트북 모델링을 더블클릭해 그룹 안으로 들어가세요.

02. ❶ 스포이트로 찍은 재질의 설정값이 나타나면 ❷ Texture의 ☐ 아이콘을 클릭해 02-9절에서 만든 영상을 선택합니다.
❸ 화면이 빛나는 것처럼 보이도록 Type을 [Self-illuminated]로 설정하고 ❹ 화면을 보면서 밝기를 조절합니다.

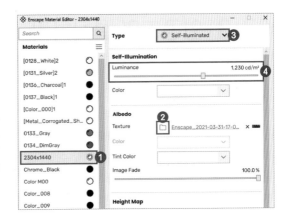

03. 화면 스케일 맞추기

노트북 화면과 영상의 크기가 달라 영상이 제대로 담기지 않네요.
❶ 디스플레이 면만 선택한 상태에서 마우스 오른쪽 버튼을 누르고 [Texture → Position]을 선택해 매핑 스케일을 조절합니다. ❷ 다시 마우스 오른쪽 버튼을 누르고 [Done]을 선택한 후 엔스케이프 화면에서 영상이 재생되는지 확인합니다.

❷ 마우스 오른쪽 버튼 → [Done]

03-3 인공조명 설치하기

• 준비 파일 이어서 실습   • 완성 파일 없음

해가 지고 나면 자연스럽게 전등이나 스탠드를 켜 집 안을 밝히곤 하죠? 즉, 빛이 들지 않을 때 내부 공간을 밝히려면 자연광 외에 인공조명이 필요합니다. 렌더링에서도 마찬가지인데요. 자연광이 충분히 들어온다면 자연광만으로도 내부를 밝힐 수 있지만, 태양빛이 잘 들어오지 않는 공간이거나 어두워진 시간대에는 인공조명을 설치해야 합니다. 엔스케이프의 인공조명 중 스피어 조명을 사용해 오두막의 내부를 밝혀 보고 전구의 발광 효과도 좀 더 디테일하게 표현해 보겠습니다.

전구에 자체 발광 매핑하기

엔스케이프에는 원하는 재질을 자체적으로 발광하게 만드는 기능이 있어요.

B와 Alt를 눌러 스포이트를 활성화한 후 발광을 넣을 재질을 클릭합니다. Enscape Material Editor 창을 열고 Type을 [Self-illuminated]로 설정합니다.

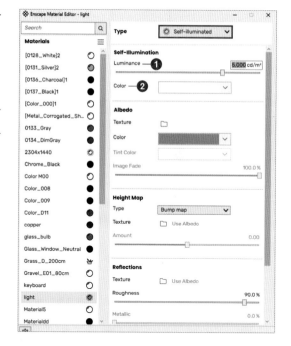

❶ Luminance: 자체 발광하는 빛의 세기를 조절합니다.
❷ Color: 자체 발광하는 빛의 색을 지정합니다.

직접 해보세요! **전구의 필라멘트에 자체 발광 효과 적용하기**

불이 들어오는 전구의 가장 밝은 부분은 바로 필라멘트입니다. 필라멘트에서 빛이 뿜어져 나오며 주변을 밝히는 것이죠. 전구의 필라멘트가 빛나는 것처럼 전구 자체에 자체 발광 효과를 적용해 보겠습니다.

파일에 설치된 전등을 보니 전구 6개가 서로 다른 방향을 바라보고 있네요. 전구는 컴포넌트로 지정되어 있어서 하나만 수정해도 나머지 5개가 똑같이 수정됩니다.

01. 전구 선택하기

모델링을 더블클릭하면 그룹 내로 들어가집니다. 전구 부분을 4번 더블클릭해서 전구 모델링만 선택해 보겠습니다. 전구를 제외한 나머지 모델링을 보이지 않게 하려면 메뉴에서 [View → Component Edit → Hide Rest of Model]을 실행하면 됩니다. Hide Rest of Model은 렌더링에 자주 사용하는 기능이라서 단축키 Shift + D로 지정해 두는 것을 추천합니다.

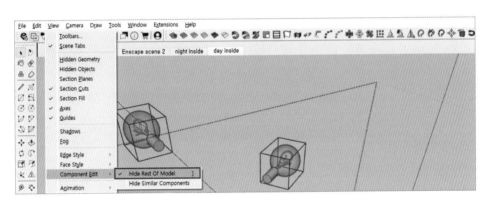

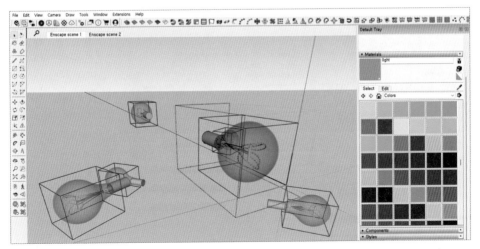

02. 필라멘트에 매핑하기

모델링을 보면 필라멘트 부분에 색이 입혀져 있죠? ❶ B와 Alt를 눌러 스포이트를 활성화한 상태로 ❷ 필라멘트를 클릭하고 ❸ Enscape Material Editor 창을 연 후 ❹ Type으로 [Self-illuminated]를 선택하세요.

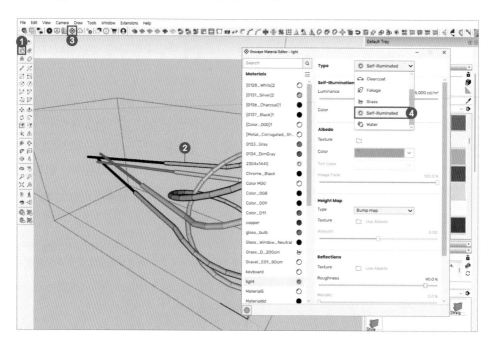

03. 발광색 지정하기

매핑한 색과 같은 색의 빛을 내려면 ❶ Albedo의 Color에서 [⚏] 탭을 선택하고 ❷ 색상 코드를 복사합니다. ❸ 그런 다음 Self-Illumination의 Color에 색상 코드를 붙여 넣습니다.

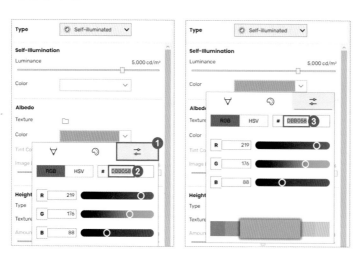

04. 빛의 세기 조절하기

엔스케이프 화면을 보면서 빛의 세기를 조절해 볼게요. 필라멘트에 어느 정도 빛이 나야 전구의 디테일이 살아나므로 Luminance 값을 100,000cd/m²로 설정합니다.

조명의 종류 알아보기

엔스케이프 메뉴에서  아이콘을 클릭해 Enscape Objects 창을 엽니다.

❶ **Light Sources:** 빛의 종류에는 [Sphere], [Spot], [Line], [Rect], [Disk]와 같이 총 5가지가 있습니다. 각 조명마다 성질이 다르므로 필요한 구도에 따라 알맞게 사용하세요.

- **Sphere:** 구 형태로 뻗어 나가는 빛으로, 주로 전구처럼 빛을 사방으로 뿜는 조명 기구에 사용합니다.
- **Spot:** 방향성이 있는 빛으로, 3인치 다운라이트 등에서 많이 사용합니다.
- **Line:** 직선으로 뻗은 빛으로, 라인 조명을 표현하거나 부족한 빛을 채울 때 사용합니다.
- **Rect:** 직사각형의 빛으로, 보조 조명으로 사용하거나 면 조명을 표현할 때 유용합니다.
- **Disk:** 원 모양의 빛으로, 보조 조명이나 다운라이트 등에 사용할 수 있어요.

❷ **Sound Source:** 일정 반경 안에 들어왔을 때 연동해 놓은 소리가 나게 합니다.

❸ **Linked Model:** 이 기능으로 스케치업 파일을 불러오면 모델링 화면에서는 직육면체의 바운딩 박스만 보이지만 엔스케이프 렌더링 화면에서는 완전히 표현됩니다. 주로 용량 관리가 필요한 경우 주변물에 사용합니다.

❹ **Luminous Intensity:** 빛의 세기를 조절합니다.

❺ **Light Source Radius:** 빛의 종류로 [Sphere]를 사용했을 때 구의 크기를 조절할 수 있어요.

전구에 스피어 조명 입히기

전구에 구 형태의 스피어 조명을 넣어 보겠습니다.

01. 전구의 그룹 안으로 들어가기

컴포넌트인 전구 모델링의 그룹
안으로 들어가 화면에는 전구만
보이게 합니다.

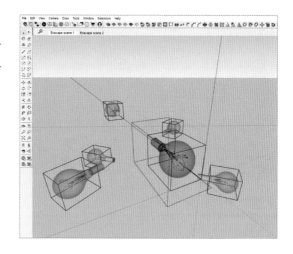

02. 스피어 조명 설치하기

❶ Enscape Objects 창을 열고 ❷ [Sphere]를 선택합니다. 스피어 조명은 총 두 번
의 클릭으로 생성됩니다. ❸ 생성하고 싶은 위치에서 천천히 두 번 클릭합니다.

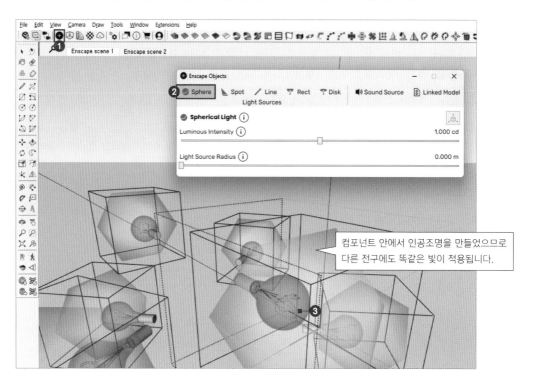

컴포넌트 안에서 인공조명을 만들었으므로
다른 전구에도 똑같은 빛이 적용됩니다.

03. 스피어 조명의 중심을 잡아 전구의 유리 부분이 다 덮이게 이동합니다.

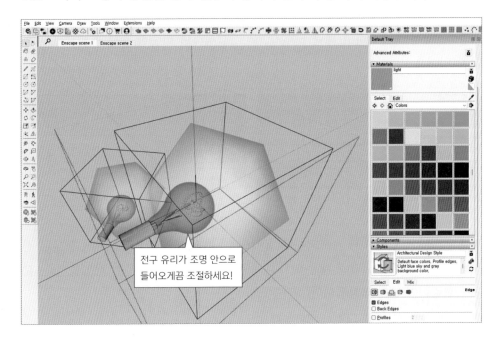

전구 유리가 조명 안으로 들어오게끔 조절하세요!

04. 조명에 색 입히기

조명에 색을 입히면 빛의 색도 해당 색으로 바뀝니다. 포근한 분위기를 연출할 것이니 색 온도가 조금 높으면 좋을 것 같아요. 주황색 계열의 색으로 스피어 조명을 매핑합니다.

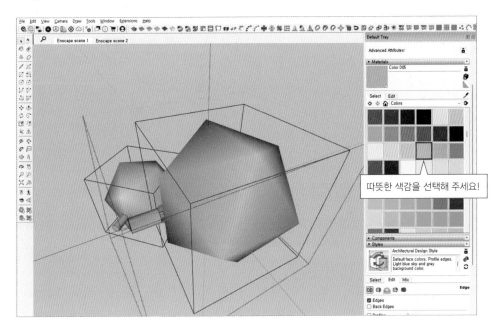

따뜻한 색감을 선택해 주세요!

05. 조명의 세기 조절하기

엔스케이프 화면을 보면서 조명의 세기를 조절합니다. 지금 사용하고 있는 전구의 조명이 5W라고 가정하고 대략 50,000cd로 설정하면 비슷한 수준의 빛으로 표현할 수 있어요.

전구 필라멘트에 빛이 나는 효과를 적용해 보았습니다. 우리가 직접 효과를 넣은 전구는 컴포넌트화되어 있기 때문에 다른 전구에 직접적으로 아무런 작업을 하지 않아도 설정이 똑같이 적용됩니다.

03-4 빛 조절하기

• 준비 파일 이어서 실습   • 완성 파일 없음

렌더링 화면에 있는 모든 빛은 적절하게 조화를 이뤄야 합니다. 그러나 태양의 밝기, 하늘의 빛, 노출 정도, 색 온도, 인공조명의 종류 등 다양한 빛의 요소를 한 번에 설정하기는 쉽지 않습니다. 따라서 여러 차례에 걸쳐 빛을 세심하게 조절하는 것이 중요합니다.

직접 해보세요! ▷ **빛 조절 단계 따라 하기**

Visual Settings 창을 열고 [Image] 탭에서 **Effects**의 모든 값을 0%로 설정합니다. Effects는 이미지 보정과 관련된 요소이므로 빛을 잡는 과정에서 오히려 방해가 될 수 있기 때문이죠. 조명을 설정할 때는 값을 하나씩 고정해 나가는 것이 가장 중요합니다. 이번에는 빛을 어떻게 조절하는지 간단히 알아보고 둘째마당에서 예제 모델링을 실습하며 좀 더 자세하게 익혀 보세요.

01. 새로운 프리셋 만들기

Visual Settings 창의 < 버튼을 클릭해 Presets 영역을 표시합니다.

❶ [Create Preset]을 클릭해 새로운 프리셋을 만들고 ❷ 이름에 night view를 입력하세요.

02. 태양빛 제거하기

바탕으로 깔리는 배경빛을 조절하기 위해 일단 태양빛을 제거해 볼게요.
❶ Visual Settings 창에서 [Atmosphere] 탭을 클릭하고 ❷ Sun Brightness 값을 0%로 설정합니다.

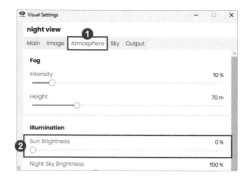

03. HDRI 내려받기

배경빛으로 사용할 하늘 배경을 내려받아 볼게요. Poly Haven에 접속해 [Skies → Clear → Rooitou Park]를 내려받습니다.

• **Poly Haven 사이트 링크:** polyhaven.com/hdris

04. HDRI 밝기 조절하기

❶ Visual Settings 창에서 [Sky] 탭을 클릭하고 ❷ Source를 [Skybox]로 설정합니다. ❸ Load Skybox from File의 🗀 아이콘을 클릭해 내려받은 파일을 선택한 후 ❹ HDRI Brightness 값을 조절해 배경의 밝기를 조절할 수 있어요. 제작하려는 이미지는 밤 배경이므로 이 값을 최대한 낮춰 줍니다.

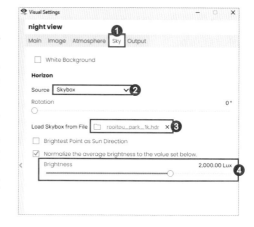

질문 있어요! 그냥 엔스케이프의 시간대를 밤으로 조절해도 되나요?

엔스케이프에서 제공하는 하늘을 사용하면 엔스케이프 화면에서 ⓤ나 ⓘ를 눌러 밤 시간 대로 쉽게 바꿀 수 있습니다. 이때 밤하늘을 밝히기 위해서는 Night Sky Brightness 값과 Exposure 값을 조절해야 하는데요. 이 과정에서 노출값을 과도하게 설정해야 하는데, 과도한 노출값은 이후 작업에 방해가 될 수 있어요. 따라서 여기서는 엔스케이프에서 제공하는 밤하늘 설정을 쓰지 않고 HDRI를 넣어 밝기를 조절하는 방법을 추천해요.

05. 노출값 조절하기

❶ [Main] 탭에서 ❷ Exposure 값을 조절해 노출값을 조절합니다. 화면을 식별할 수 있는 수준이면서 너무 밝아지지 않게 조절하는 게 중요해요!

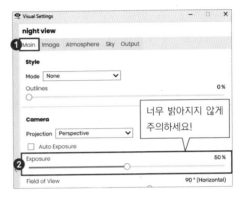

06. 인공조명 밝기 설정하기

야간 렌더링을 찍을 때는 인공조명이 차지하는 비중이 상당히 높습니다. 내부를 밝힐 수 있는 빛이 하늘을 제외하면 인공조명뿐이기 때문이죠.

❶ 다시 [Atmosphere] 탭을 클릭한 후 ❷ Artificial Light Brightness 값을 설정합니다. 기본값은 100%이고 0%가 되면 인공조명은 켜지지 않습니다. 스위치를 켜고 끄는 것처럼 빛을 세팅할 때는 일단 100%부터 시작해 화면을 확인하면서 값을 조금씩 조절합니다.

07. 노출값 다시 조절하기

[Main] 탭에서 Exposure 값을 한 번 더 미세하게 조절합니다. 앞에서 설정한 값을
고정하고 마지막에 빛을 다듬는 느낌으로 조절하세요.

100% 만족하지 못한다면 처음부터
다시 따라 해보세요!

인공조명을 조절해서 내부 투시도에 따뜻한 분위기를 조성했습니다. 이제 세면대
위에 배치할 거울을 렌더링해서 오두막 내부 공간을 한층 풍부하고 개연성 있게 만
들어 보겠습니다.

03-5 사람이 비치는 거울 렌더링하기

•준비 파일 이어서 실습   •완성 파일 없음

이번에는 거울 질감을 표현해 보겠습니다. 거울은 유리지만 투명하지 않고 한 면이 반사되는 특징을 가지고 있어요. 02-6절에서 다룬 재질값 설정을 바탕으로 거울을 렌더링하는 방법을 알아보겠습니다.

평균 재질값 설정하기

엔스케이프에는 재질값이 기본적으로 세팅되어 있지만 환경에 따라 원하는 느낌이 다르기 때문에 조금씩 조절해 주는 것이 좋아요. 우리가 렌더링을 어렵게 느끼는 이유 도 바로 이런 점 때문인데요.

Enscape Material Editor 창에서 **Roughness, Metallic, Specular** 값을 50%로 설정해 보세요. 이렇게 모든 값을 50%로 일정하게 설정하면 가장 보편적인 재질값을 갖게 되어 이후 디테일을 수월하게 잡을 수 있습니다. 저는 이 방법을 '재질 50 법'이라고 불러요. 이 상태에서 거칠기와 반사의 정도만 조금씩 수정하면 됩니다.

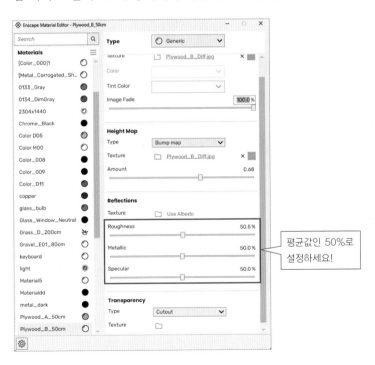

유리의 종류는 매우 다양합니다. 안팎이 잘 보이는 투명한 유리도 있지만, 건너편을 볼 수 없는 불투명한 유리도 있고 거울처럼 완벽하게 반사하는 유리도 있어요. 이번 에는 거울을 모델링하고 매핑하는 방법을 알아보겠습니다.

01. 거울 틀 모델링하기

❶ 스케치업에서 직사각형 도구 ▣를 클릭해 1300×600 크기의 거울 틀을 만들 어 볼게요. ❷ 시작점을 한 번 클릭하고 ❸ Dimensions에 1300, 600을 입력한 후 Enter 를 누르세요.

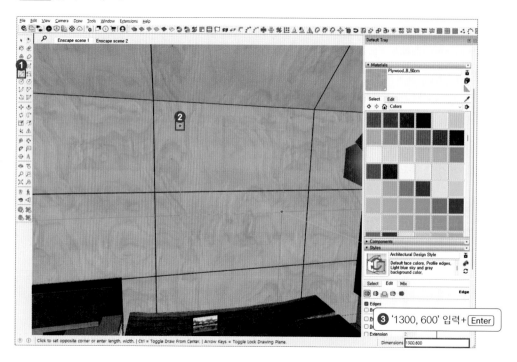

02. 사각형을 더블클릭한 후 마우스
오른쪽 버튼을 누르고 [Make Group]
을 선택해 그룹으로 만듭니다.

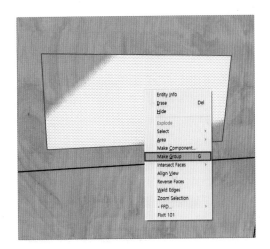

03. ❶ 사각형을 다시 더블클릭해 그룹의 내부로 들어간 후 ❷ 면을 한 번 클릭합니다.
❸ 오프셋 도구 ⬕를 클릭한 후 ❹ 외곽선에 대한 평행선이 나타나면 Distance에
50을 입력하고 [Enter]를 누릅니다.

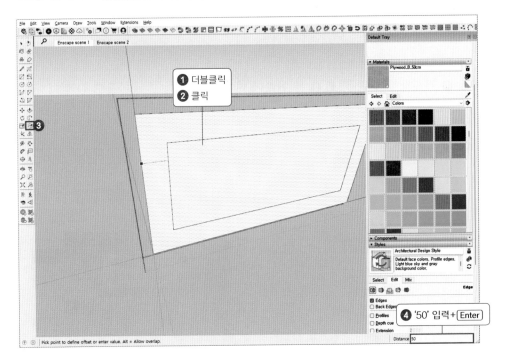

04. ❶ 가운데 면을 다시 클릭한 후 Delete 를 눌러 삭제합니다.

❷ 남은 틀은 밀기/끌기 도구 🖌 로 ❸ 두께를 20mm만큼 만들어 그룹화합니다.

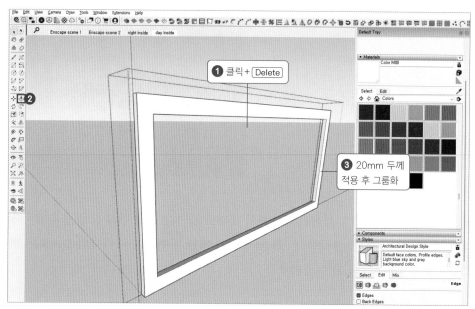

▶ 틀을 그룹화하려면 더블클릭한 후 마우스 오른쪽 버튼을 누른 다음 [Make Group]을 선택하면 됩니다.

05. ❶ 직사각형 도구 🖊 로 ❷ 틀 안쪽에 딱 맞는 크기의 면을 만들고 ❸ 밀기/끌기 도구 🖌 로 ❹ 두께를 10mm만큼 지정합니다.

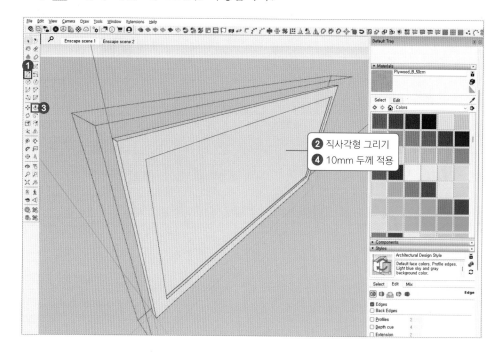

06. 유리를 받쳐줄 판을 만들기 위해 프레임에 맞는 면을 하나 더 생성하고 두께를 5mm로 지정합니다. 축을 이동하여 모델링 객체를 하나로 조립한 후 [Esc]를 눌러 빠져나갑니다.

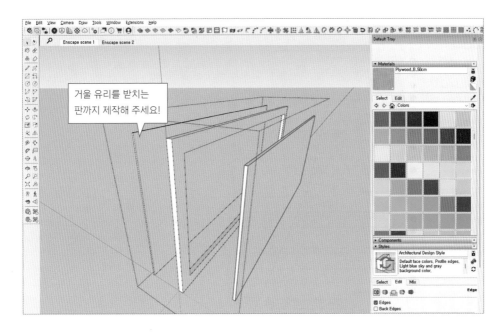

07. 거울 유리 매핑하기

❶ 유리로 만들 부분을 선택하고 ❷ Materials 패널에서 흰색 매핑을 클릭해서 유리 그룹 내부에 매핑합니다.

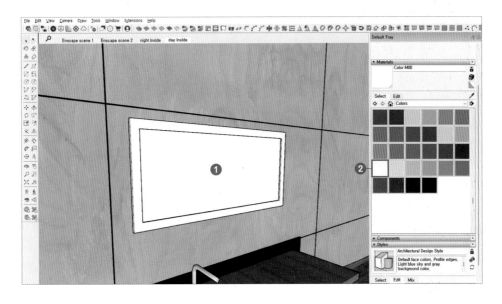

08. Enscape Material Editor 창을 열고 ❶ Roughness는 0%로, Metallic은 100%로 설정합니다. ❷ 거울 유리는 투명하지 않으므로 Transparency를 [Cutout]으로 지정하세요.

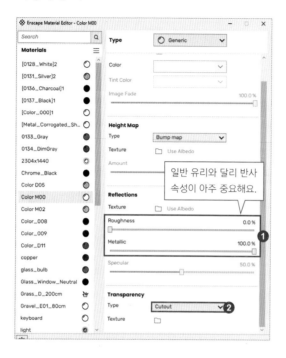

09. 03-1절에서 불러온 사람 애셋이 거울에 잘 비치는지 확인해 보세요.

03-6 렌더링 이미지 보정하기

• 준비 파일 이어서 실습   • 완성 파일 오두막_완성.skp

이제 만들어진 렌더링 장면을 보정하고 내보내는 작업만 남았습니다. 렌더링은 한 번에 끝나지 않습니다. 번거롭게 느껴질 수 있지만 이런 과정을 거치면서 작업이 진행된다는 것을 인지하고 있으면 수정이 필요한 부분으로 쉽게 되돌아갈 수 있어요. 이번에는 렌더링 작업의 마지막 과정을 살펴봅시다.

엔스케이프로 보정하기

일반적으로 '보정'이라고 하면 포토샵이나 라이트룸 등을 사용하는 후보정을 생각합니다. 외부 프로그램으로 후보정을 해도 좋지만 엔스케이프에서 보정까지 해서 렌더링을 돌릴 수 있으므로 엔스케이프 보정을 활용하는 방법을 추천합니다.

Visual Settings 창의 [Image] 탭에서 렌더링 보정을 할 수 있어요.

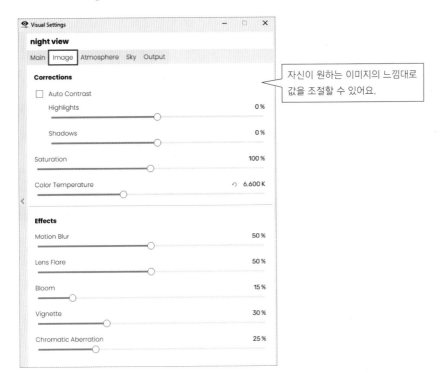

> 자신이 원하는 이미지의 느낌대로 값을 조절할 수 있어요.

밝기, 대비 조절하기 — Highlights, Shadows

Highlights는 조명처럼 밝은 부분의 밝기를 조절하고 **Shadows**는 그림자와 같이 어두워지는 부분의 밝기를 조절합니다. Highlights 값과 Shadows 값을 동시에 높이면 이미지의 대비가 아주 강해집니다.

Highlights와 Shadows가 높은 화면   Highlights와 Shadows가 낮은 화면

채도 조절하기 — Saturation

Saturation은 렌더링 이미지의 채도를 조절하는 옵션입니다. 채도를 0%보다 낮게 설정하면 색이 빠져서 흑백에 가까워지고, 0%보다 높게 설정하면 색감의 채도가 전체적으로 높아집니다. 각자 취향에 맞게 채도를 조절해 보세요.

Satruration: 0%   Saturation: 200%

색 온도 조절하기 — Color Temperature

Color Temperature 값을 조절하면 장면의 색 온도가 바뀝니다. 장면에 따뜻한 느낌을 더하려면 색 온도를 낮추고, 차가운 느낌을 원하면 색 온도를 높이세요. 이 이미지는 밤 시간대지만 따뜻한 오두막 내부이므로 색 온도를 조금 낮춰 봅니다.

Color Temperature: 3,000K

Color Temperature: 12,000K

엔스케이프 특유의 노란색 빛을 줄이려면
색 온도를 높여 파란색 빛으로 잡아 주세요!

빛 번짐 적용하기 — Bloom

Bloom은 빛 번짐을 만드는 옵션으로, 값을 올릴수록 전체적으로 화사해지는 효과
를 연출할 수 있습니다. 특히 조명과 같은 발광체는 자체적으로 어느 정도 빛이 번지
므로 약간씩만 적용해도 됩니다. 값이 너무 커지면 화질이 떨어진 것처럼 느껴질 수
있으니 이미지 보정 전이라면 이 값을 0%로 만들어 주는 것도 좋은 방법입니다.

Bloom: 0%

Bloom: 100%

중심으로 시선 집중시키기 — Vignette

Vignette는 화면의 모서리에 검은색 효과를 만드는 기능으로, 값을 적절하게 지정하
면 장면의 집중도를 높일 수 있습니다. 단, 이 기능은 장면을 어둡게 만들기 때문에 이
후 작업에서 불필요하게 빛을 세게 조절해야 할 수 있으니 유의해야 합니다. Bloom과
마찬가지로 초기에는 0%로 설정하는 것을 추천합니다.

Vignette: 0%

Vignette: 100%

선명도 떨어뜨리기 — Chromatic Aberration

Chromatic Aberration은 렌더링 이미지의 선명도를 조금씩 떨어뜨리는 기능입니다. 기본값으로 설정하면 선명도의 차이가 크게 느껴지지 않지만, 장면마다 영향을 미치는 수준이 다르게 나타납니다.

Chromatic Aberration: 0%

Chromatic Aberration: 100%

이와 같이 [Image] 탭의 설정을 적절하게 배합하면 좋은 이미지를 만들 수 있어요. 다음의 Visual Settings 창에 제가 설정한 값을 표시해 두었으니 연습할 때 참고하세요.

View Management로 설정값이 다른 장면 쉽게 확인하기

02-8절을 참고해 장면에 설정한 값을 연동합니다. View Management에서 장면에 따라 설정값을 연동해 두면 추후 장면과 환경을 다양하게 설정해서 저장해 둘 때 작업의 효율성을 크게 높일 수 있습니다.

이미지 비율 설정하기

Visual Settings 창을 열고 [Output] 탭에서 이미지의 비율이나 크기를 조절합니다.

Resolution을 [Custom]으로 선택해 크기를 임의로 입력할 수 있게 설정하고 [Use Viewport Aspect Ratio]에 체크 표시해 이미지의 비율을 사용 중인 모니터의 비율과 동일하게 설정해 보세요. 이미지의 크기는 최대 8192×8192까지 가능합니다.

렌더링 과제

오두막의 낮 장면 렌더링하기

밤 장면이 잘 드러나게 렌더링해 보았나요? 이번에는 오두막의 배경이 낮인 경우로 바꿔 봅시다. 프리셋을 복제해 이름을 '낮'으로 바꾸고 빛을 조절해 낮 장면을 만들어 보세요. 둘째마당에서 더 자세하게 배우지만 이번 장에서 배운 내용으로도 충분히 낮 장면을 만들 수 있으니 한번 도전해 보세요!

HDRI의 밝기도 조절해 보고, 태양의 위치와 밝기도 조절해 봅시다. 여러 가지 요소를 조합해 여러분만의 낮 버전 실내 투시도를 만들어 보세요.

> **힌트**
>
> ☑ 낮을 표현하려면 배경빛의 밝기를 올려야 합니다. HDRI Brightness 값을 높여 보세요.
> ☑ 태양빛을 세게 조절하기 위해 Sun Brightness 값을 높여 보세요.

실전! 건축·인테리어를 위한 렌더링 프로젝트

감각적인 렌더링을 위해서는 무엇보다 여러분의 감각을 발휘하는 것이 중요합니다. 렌더링은 모델링의 시각적인 정보 전달이 목적이므로 렌더링에서 연출하고 싶은 분위기와 담고자 하는 정보가 잘 드러나야 해요.

작업을 시작하기 전에 먼저 렌더링으로 만들 공간을 상상해 보세요. 여러분은 카메라를 들고 어떤 장면을 담고 싶나요? 작고 아늑한 곳인가요, 아니면 대리석 바닥으로 이루어져 차가운 분위기를 풍기는 곳인가요? 자유롭게 연상해 본 후에 공간이 어떤 느낌으로 가득 차 있는지 정리해 봅시다. 그리고 그 공간을 표현하기 위해 어떻게 접근해야 할지도 머릿속으로 그려 봅시다. 렌더링은 이런 과정과 함께 시작되는 것이니까요.

프로젝트 1: 파크로쉬

이번 장에서는 강원도 정선에 위치한 파크로쉬(PARK ROCHE) 리조트앤웰니스의 로비를 만나볼 것입니다. 이 리조트는 정선의 자작나무와 숙암, 돌 등의 콘셉트를 바탕으로 디자인된 자연적인 요소가 특징입니다. 파크로쉬 리조트의 로비를 재구성해서 실내 공간을 제작해 보겠습니다. 천천히 따라와 주세요!

04-1 투시도의 목표 잡기

• 준비 파일 없음   • 완성 파일 없음

파크로쉬 정선의 다양한 공간 중 프런트 쪽의 돌벽과 나무 재질이 아름답게 조화를 이루고 있는 로비 공간을 다뤄 볼게요. 전체적인 분위기와 구도를 상상하면서 방향을 잡아 보겠습니다.

렌더링 구상하기

먼저 파크로쉬 정선의 로비 사진을 함께 볼까요?
사진에 보이는 로비는 마음을 편안하게 해주는 따뜻한 불빛으로 가득 찬 공간, 나무 천장과 나무 벽이 따뜻한 조명을 받아 더욱 포근하게 느껴지는 공간, 프런트 뒤의 돌멩이가 빛을 받아 더 까칠까칠해 보이는 공간이라고 표현할 수 있어요.

출처: 디자인스튜디오 공식 홈페이지

렌더링을 통해 돌과 나무의 재질감이 최대한 느껴지면서도 따뜻한 기운이 맴도는 공간을 표현하는 것이 좋겠네요. 그리고 공간에 큰 창이 있으므로 낮과 밤의 분위기도 함께 비교해 보는 것이 좋겠습니다. 상상의 나래를 어느 정도 펼쳤다면 본격적으로 렌더링 작업을 시작해 볼게요.

디자이너는 업무 특성상 정말 많은 레퍼런스를 참고합니다. 작업할 때 듀얼 모니터와 같은 보조 디스플레이가 있으면 훨씬 편하겠지만 그렇지 않다면 화면을 수시로 전환하거나 레퍼런스를 프린트해서 책상에 펼쳐야 하겠죠? 이 모든 번거로움을 해결할 수 있는 보조프로그램으로 **퓨어랩**(PureRef)을 소개합니다.

01. 퓨어랩 웹 사이트에 접속한 후 윈도우, 맥, 리눅스 중에서 선택합니다.

• **퓨어랩 내려받기 링크:** pureref.com/download.php

02. [Custom Amount]를 선택한 후 값에 **0**을 입력하면 프로그램을 무료로 내려받을 수 있어요. 나중에 프로그램에 대한 값을 지불하고 싶으면 원하는 값을 입력한 후 결제하세요.

정가제가 아닌 기부 방식으로 판매되므로 원하는 금액을 지불하고 프로그램을 내려받을 수 있어요.

03. [Download]를 클릭해 설치 파일을 내려받고 프로그램을 설치합니다. 저장해 둔 레퍼런스 이미지를 퓨어랩으로 불러와 업로드하면 작업이 끝납니다.

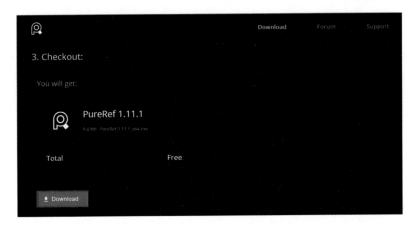

04. 저장하지 않은 이미지도 이미지에서 마우스 오른쪽 버튼을 누르고 [이미지 복사]를 선택한 다음 퓨어랩 창에 붙여 넣으면 그대로 나타납니다.

마우스 오른쪽 버튼을 누른 상태에서 움직이면 화면을 이동할 수 있어요.

04-2 가구와 사람 배치해 공간감 살리기

• 준비 파일 **파크로쉬.skp** • 완성 파일 **없음**

가구와 사람 소스를 배치하면 공간의 디테일이 살아나면서 렌더링 이미지를 감각적으로 구현할 수 있습니다. 또한 공간 스케일을 어느 정도 짐작할 수 있어서 공간감도 살릴 수 있어요. 자료실에서 내려받은 '파크로쉬.skp' 파일을 열고 실습을 진행하세요.

직접 해보세요! ▷ **모델링에 소스 불러오기**

3D 웨어하우스에서 가구 소스를, 애셋 라이브러리에서 사람 소스를 불러와 모델링에 배치해 보겠습니다.

01. 3D 웨어하우스에서 가구 소스 불러오기

먼저 3D 웨어하우스에 접속해 ❶ 렉터스 인테리어편을 검색합니다.
❷ [Models & Products]를 클릭하고 ❸ 모델링 가구 5개를 모두 내려받습니다.

• **3D 웨어하우스 링크:** 3dwarehouse.sketchup.com

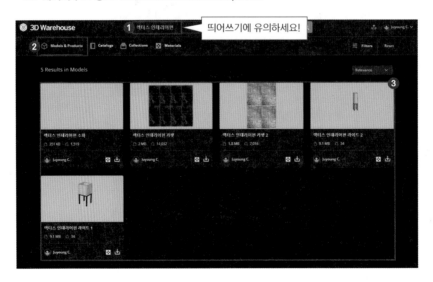

02. 내려받은 모델링은 간단하게 드래그해 스케치업으로 불러올 수 있어요. 다음 화면을 참고해서 여러분도 비슷하게 배치해 보세요.

선배의 렌더링 노트

작업용 장면을 만들어 두세요!

스케치업에서 객체를 배치할 때 XY 평면으로 단면을 만들어 두면 훨씬 쉽게 작업할 수 있어요. 단면이 켜져 있는 작업용 장면을 만들어 놓고 필요할 때마다 해당 장면으로 넘어가서 작업하는 것을 추천합니다.

메뉴에서 [View→Animation→Add Scene]을 선택하면 장면을 저장할 수 있어요. '작업용', 'work' 등 알아보기 쉬운 이름으로 장면을 저장해 두세요.

필요할 때마다 열어 보세요!

03. 애셋 라이브러리에서 사람 소스 불러오기

스케치업에서 ⬡ 아이콘을 클릭해
Enscape Asset Library 창을 열
고 [People] 카테고리를 선택하면
다양한 사람 소스를 찾아볼 수 있
어요. 원하는 사람 소스를 선택해
배치하세요.

이름을 알고 있으면 직접
검색해서 찾아보세요!

04. 공간의 느낌을 잘 담아낼 수 있도록 자세, 의상 등이 적당한 사람을 적절한 위치에 배치해 보세요. 프런트 앞에서 체크인하는 가족의 모습과 소파에 모여 이야기를 하는 사람들이 적절하겠죠?

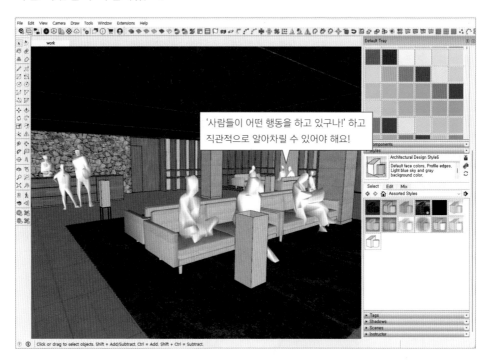

'사람들이 어떤 행동을 하고 있구나!' 하고
직관적으로 알아차릴 수 있어야 해요!

05. 모델링을 전체적으로 둘러보면서 허전한 부분에 소스를 좀 더 채워 넣으세요.

04-3 카메라의 구도 잡기

• 준비 파일 이어서 실습 • 완성 파일 없음

렌더링 이미지에 가장 큰 영향을 미치는 요인은 카메라의 구도와 화각입니다. 무작정 많은 정보를 담기보다 전달하고 싶은 정보를 집중적으로 잘 드러낼 때 공간을 더욱 효과적으로 보여 줄 수 있어요. 이 점을 유의하면서 내부 투시도를 찍는 데 필요한 카메라 구도와 화각을 설정해 보겠습니다. 돌벽과 큰 창문이 인상적인 로비를 찍기 위한 구도를 잡아 볼게요.

카메라의 높이 설정하기

피사체를 프레임에 어떻게 담는지에 따라 사진에 담기는 정보량과 집중도가 달라집니다. 따라서 구도를 효과적으로 잡으려면 먼저 담고 싶은 정보가 있는 곳으로 화면을 이동한 후 카메라의 높이를 맞춰야 하는데, 스케치업에서는 **Eye Height**가 그 기능을 담당합니다. 도구 바에서 둘러보기 도구 👁를 클릭한 후 스케치업 화면의 오른쪽 하단에서 Eye Height 값을 입력하면 됩니다.

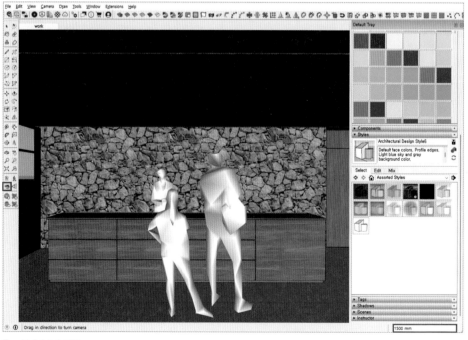

Eye Height: 1,500mm

눈높이는 사진을 찍는 공간과 연출하고 싶은 상황에 따라 다르게 설정합니다. 이번 예제와 같은 내부 투시도는 실제 사람이 어느 정도의 높이에서 카메라를 들고 있을지 생각하면 쉽게 이해할 수 있습니다.

만약 키가 180cm인 사람을 기준으로 한다면 카메라 높이를 반드시 1,800mm로 잡아야 할까요? 꼭 그렇지는 않습니다. 쪼그리고 앉거나 허리를 조금 숙인 채로 카메라를 들고 있다고 가정하면 1,000~1,500mm도 가능할 테니까요! 사람의 키 범위 안에서 카메라 높이를 조금씩 수정해가며 적당한 값을 찾는 게 중요합니다. 이 위치에서는 1,000mm 정도가 괜찮아 보이네요.

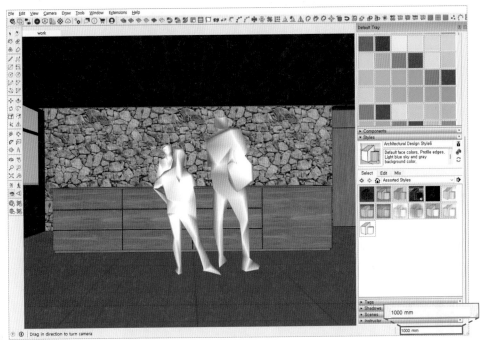

Eye Height: 1,000mm

카메라의 화각 설정하기

내부 투시도에서는 **Field of View**를 45~90° 정도로 설정하면 왜곡을 최소화할 수 있습니다. 물론 고정된 값이 아니므로 적절히 조절하면서 맞춰 보는 것이 좋습니다. 도구 바에서 확대 도구 🔍를 클릭한 후 오른쪽 하단에서 Field of View 값을 입력해 보세요.

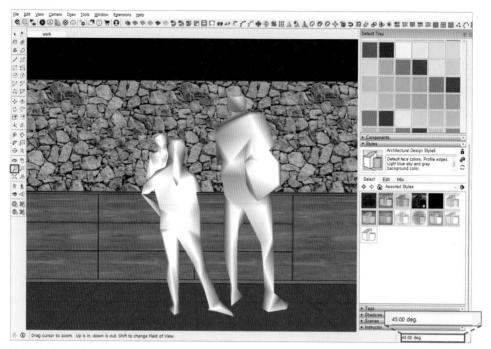

Field of View: 45°

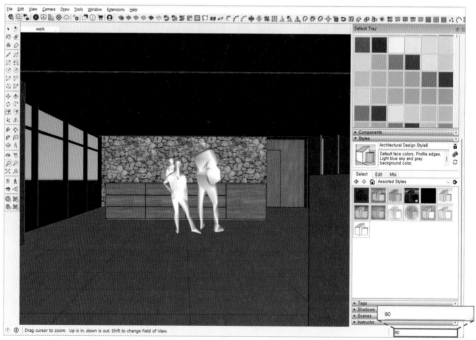

Field of View: 90°

Two-Point Perspective는 스케치업 화면에 2개의 소실점을 만들어 줍니다. 카메라의 구도에 따라 심하게 왜곡되어 이미지가 비현실적으로 느껴진다면 메뉴에서 [View → Two-Point Perspective]를 선택해서 화면의 왜곡을 잡아 보세요.

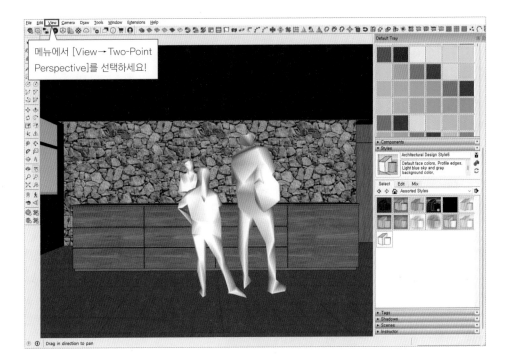

메뉴에서 [View → Two-Point Perspective]를 선택하세요!

카메라 동기화가 켜져 있는데 화면에 차이가 생겨요!

가끔 스케치업에서 잡은 장면이 엔스케이프에 적용되지 않을 때가 있어요. 바로 Two-Point Perspective View 상태에서 마우스 휠을 클릭해 장면을 조정했을 때 발생하는 현상인데요. 이처럼 스케치업에서 장면을 잡아도 엔스케이프에 반영되지 않는 경우가 있으니 처음부터 엔스케이프에서 장면을 잡는 것을 추천해요!

반영이 안 되면 엔스케이프에서 바로 장면을 잡으세요!

스케치업에서 잡은 장면이 엔스케이프에 제대로 반영되지 않으면 엔스케이프에서 장면을 잡아 보세요.

01. 스케치업에서 엔스케이프 카메라 동기화 기능인 [Synchronized Camera]를 비활성화하고 엔스케이프를 실행합니다.

02. ❶ 엔스케이프에서 원하는 장면으로 이동한 후 ⬚ 아이콘을 클릭해 Visual Settings 창을 엽니다. ❷ [Main] 탭을 클릭한 후 ❸ Field of View 값을 조절합니다.

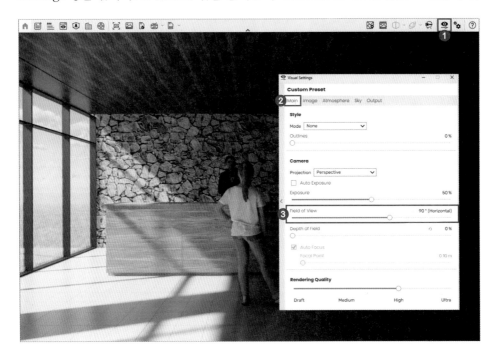

03.  아이콘을 클릭해 렌더링
할 화면의 비율을 확인합니다.

04. 아이콘을 클릭해 Visual Settings
창을 열고 ❶ [Output] 탭에서 ❷ 렌더링
이미지의 크기와 비율을 조절합니다.

▶ 해상도를 가리키는 Resolution을 [Custom]으로 선택하
면 장면의 크기와 비율을 원하는대로 설정할 수 있습니다.

05. ❶ View Management를 실행하고 ❷ [Create View]를 클릭해 장면을 추가
로 저장합니다.

04-4 다운라이트, 간접 조명, 램프 조명 설치하기

· 준비 파일 이어서 실습   · 완성 파일 없음

투시도를 제작할 때 가장 어려운 작업은 인공조명을 적용하는 것입니다. 각 기능을 다루는 것은 따라
하다 보면 익숙해지지만, 이들을 조화롭게 적용하는 것은 다른 차원의 문제입니다. 다운라이트, 간접
조명, 램프 조명에 사용할 수 있는 4가지 조명을 설치하면서 각 조명의 특징을 잘 살릴 수 있는 방법
을 알아보겠습니다.

내부 투시도에 조명을 설치할 때 주의할 점

내부 투시도를 찍을 때는 조명을 적절한 위치에 꼼꼼하게 배치하는 것이 중요합니
다. 아무리 디테일하게 모델링하고 재질을 세팅해도 공간에 절대적인 빛의 양이 적
으면 이미지의 퀄리티가 떨어지게 됩니다. 조명의 수가 적어 빛의 양이 부족한데 빛
세기만 과도하게 올리거나 노출값을 키워 밝기를 조절하면 렌더링에 노이즈와 얼룩
이 생길 수 있어요. 따라서 이런 나비 효과를 피하려면 처음부터 조명을 적절하게 설
치하고 다뤄야 합니다.

인공조명은 Enscape Objects 창에서 설치할 수 있습니다.

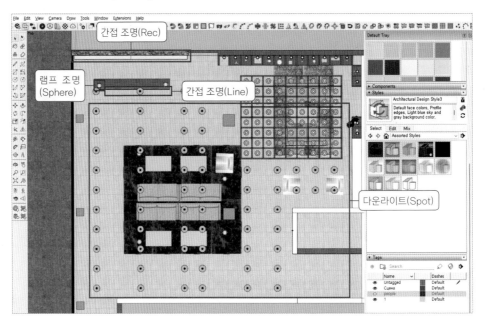

다운라이트

천장에 설치하는 다운라이트(downlight)는 **스포트라이트(spotlight)**를 사용합니다. 다운라이트의 구조상 빛의 방향이 일정하고 광원의 위치와 조명의 폭에 따라 비추는 범위가 달라지는 스포트라이트가 적격이기 때문이죠. 스포트라이트는 다운라이트뿐 아니라 갓이 달린 전등, 포인트 조명, 갓이 달린 램프 등에 다양하게 활용됩니다.

▶ 이 책에서는 이제부터 스케치업의 화면 표기에 맞춰 스포트라이트를 'Spot 조명'으로 부르겠습니다.

직접 해보세요! ▷ **다운라이트 모델링하기**

다운라이트의 형태를 모델링하고 색을 넣어 발광 효과를 표현해 보겠습니다.

01. ❶ 원 도구 ◉를 클릭하고 ❷ 도형의 변 수로 80을 입력합니다.

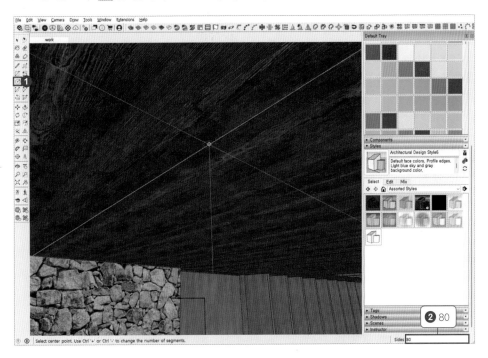

02. ❶ 다운라이트를 배치할 위치에 중심점 포인트를 하나 찍습니다. ❷ 반지름이 50mm인 원을 만들기 위해 50을 입력하고 (Enter)를 눌러 원을 생성합니다.

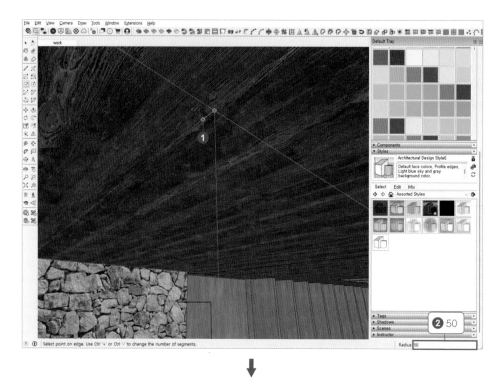

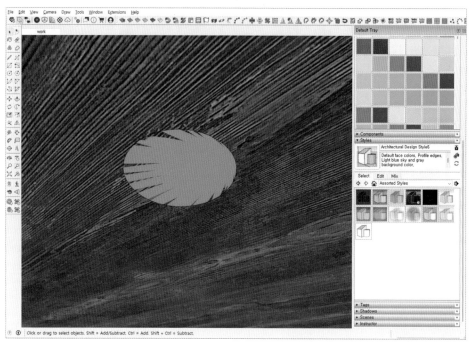

03. ❶ 밀기/끌기 도구 ⬇를 클릭해 활성화하고 ❷ 면의 두께를 10mm로 지정합니다.

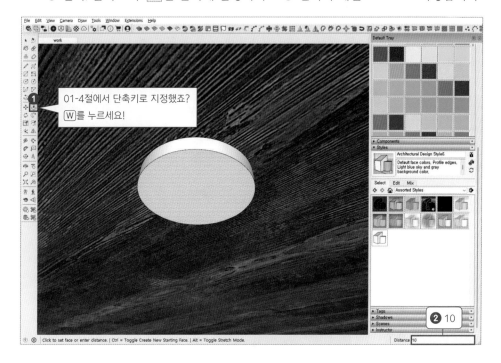

04. ❶ 오프셋 도구 ⬀를 클릭해 ❷ 밑면에 오프셋을 10mm로 지정합니다.
❸ 다시 한번 밀기/끌기 도구 ⬇를 클릭해 ❹ 안쪽 면을 5mm 얇게 들여 줍니다.

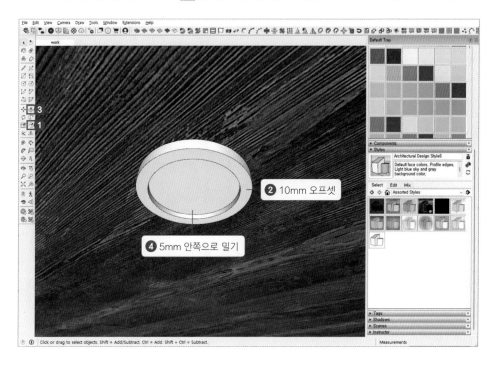

05. 색상으로 발광 효과 표현하기

다운라이트가 발광하는 것처럼 표현하기 위해 안쪽 면은 노란색으로, 나머지 면은 검은색으로 칠해 볼게요. Enscape Material Editor 창을 열고 ❶ Color의 ⇌ 탭을 클릭한 후 ❷ 색상 코드를 입력합니다.

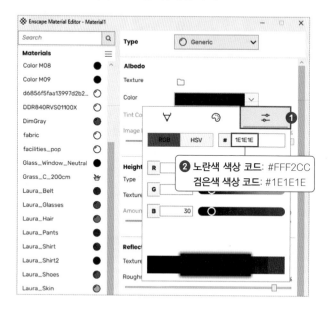

06. 다운라이트 안에 Spot 조명을 넣고 복사해서 로비 천장 전체에 배치할 것이므로 만들어 둔 모델링을 컴포넌트화합니다.

▶ 객체를 컴포넌트화하는 방법은 01-5절을 참고하세요.

Spot 조명 설치하기

다운라이트 내부에 Spot 조명을 설치하고 천장 전체에 복사 배치해 보겠습니다.

01. 조명을 비출 방향으로 보조선 그리기

❶ 선 도구 ✏️를 클릭하고 ❷ 조명의 시작 위치부터 조명이 비춰지는 수직 방향으로 드래그해 보조선을 그리세요.

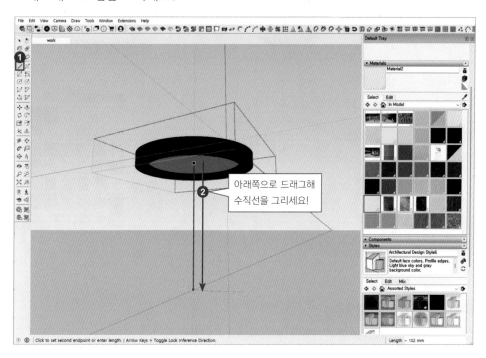

02. Spot 조명 설정하기

➕ 아이콘을 클릭해 Enscape Objects 창을 열고 [Spot]을 선택합니다.

03. 조명 포인트 잡기

❶ 방금 만든 보조선의 시작점을 천천히 두 번 클릭하고 ❷ 보조선의 끝점 위에서도 천천히 두 번 클릭해 Spot 조명을 생성합니다.

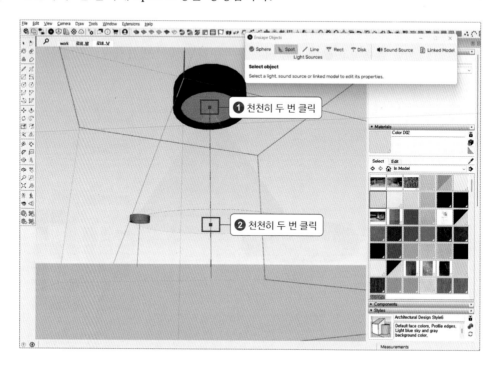

04. 조명의 세기 설정하기

여기서 사용한 다운라이트의 세기를 임의로 10W라고 지정해 볼게요. 생성한 조명을 더블클릭해 활성화하고 ❶ Luminous Intensity는 15,000cd로, ❷ Beam Angle은 80°로 설정하세요.

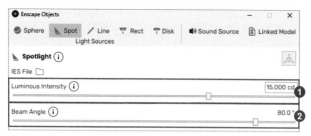

▶ 설치한 Spot 조명은 발광면과 같은 색으로 매핑해 줍니다. 엔스케이프에 서는 이렇게 조명의 색상을 변경할 수 있어요.

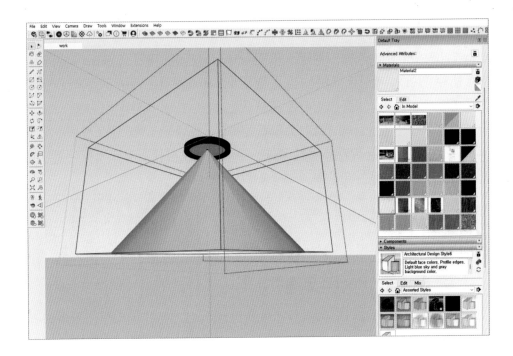

05. 다운라이트 복제하기

다운라이트 하나를 컴포넌트로 만들고 생성한 Spot 조명을 다운라이트 컴포넌트 안에 설치합니다. 컴포넌트화되어 있어 다운라이트를 하나만 수정해도 모든 다운라이트가 한 번에 수정됩니다. 공간에 필요한 만큼 다운라이트를 복사해 설치하세요.

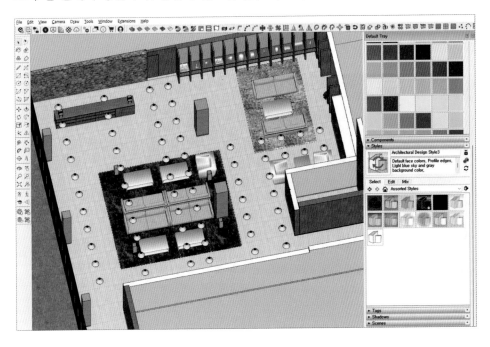

간접 조명

엔스케이프에서 간접 조명은 **렉탱글 조명**(rectangle light)과 **라인 조명**(line light)으로 표현할 수 있어요. 렉탱글 조명은 빛이 한 방향으로 직진하는 것이 특징으로, 천장 몰딩으로 도는 간접 조명을 표현하는 데 렉탱글 조명만한 것이 없죠.

반면 라인 조명은 원기둥 측면을 기준으로 빛이 퍼지기 때문에 렉탱글 조명보다 상대적으로 빛이 약합니다. 따라서 라인 조명은 주로 세기가 약한 간접 조명을 표현하거나 부족한 광량을 채우기 위한 보조 조명으로 사용합니다.

▶ 이 책에서는 이제부터 스케치업의 화면 표기에 맞춰 렉탱글 조명은 'Rect 조명'으로, 라인 조명은 'Line 조명'으로 부르겠습니다.

직접 해보세요! ▷ Rect 조명 설치하기

로비의 프런트 뒤쪽으로는 돌로 마감된 벽이 있는데, 이 부분이 바로 이 공간의 포인트입니다. 실내 마감재나 실외 외장재에 돌이나 벽돌 등의 자재를 사용할 때 자재의 거칠기를 효과적으로 표현하기 위해 재질을 은은하게 비추는 간접 조명을 설치하곤 하는데요. 파크로쉬 정선의 로비에도 돌벽 위쪽에 간접 조명을 설치해서 돌의 재질감이 생생하게 나타나네요. 자, 그러면 먼저 Rect 조명을 설치해 보겠습니다.

01. 간접 조명 방향에 맞춰 보조선 그리기

Spot 조명을 설치하는 과정과 마찬가지로 ❶ 선 도구 ✏를 클릭하고 ❷ 보조선을 그려 주세요. 보조선을 미리 만들어 두면 인공조명을 편하게 만들 수 있어요.

아래쪽으로 드래그해 수직선을 그리세요!

02. Rect 조명 설정하기

❶ ➕ 아이콘을 클릭해 Enscape Objects 창을 열고 ❷ [Rect]를 선택합니다. ❸ 보조선의 시작점과 끝점을 두 번씩 클릭하면 Rect 조명이 생성됩니다.

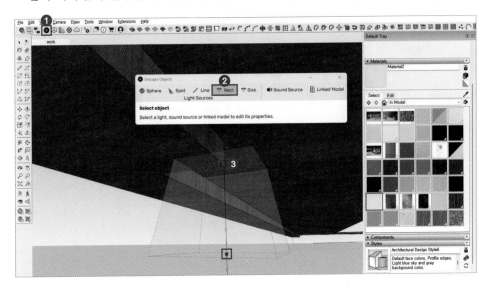

03. 조명의 크기와 빛의 세기 조절하기

Rect 조명이 잘 표현되도록 빛의 세기를 100,000lm 이상으로 설정합니다.

Rect 조명의 단위는 lm(루멘)을 사용합니다.

04. 공간에 조명 채우기

엔스케이프의 모든 인공조명은 최대 3m까지 조절할 수 있습니다. 예제에서 Rect 조명을 적용해야 할 공간은 6.13m로, 3m가 넘으니 1개로는 부족하겠네요. 2m짜리 조명 3개를 만들어 공간을 채워 주세요.

Enscape Objects 창에서 생성한 모든 객체는 컴포넌트 상태여서 속성이 전부 같습니다. 따라서 하나의 객체만 수정해도 다른 객체에 영향을 미칩니다. 만약 객체의 속성을 수정해야 한다면 해당 객체에서 마우스 오른쪽 버튼을 누르고 [Make Unique]를 선택해 독립시킨 후 길이를 조절해 사고를 방지하는 것이 좋습니다.

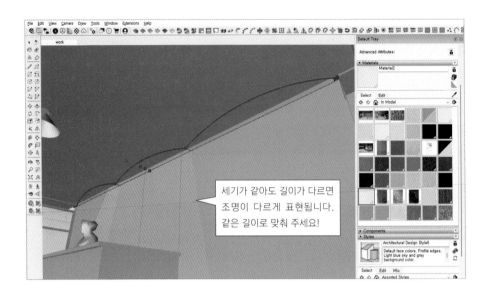

세기가 같아도 길이가 다르면
조명이 다르게 표현됩니다.
같은 길이로 맞춰 주세요!

Line 조명 설치하기

이번에는 프런트 데스크의 아래쪽에 간접 조명을 넣어 보겠습니다. 이 부분에 Rect
조명을 넣어도 되지만, 바닥과 거의 닿아 있는 일직선 형태의 공간에서 간접 표현을
할 경우에는 Line 조명을 사용하는 것이 좀 더 편리합니다.

01. ❶ Enscape Objects 창을 열고 ❷ [Line]을 선택합니다. ❸ 조명을 생성하려는
지점을 클릭합니다.

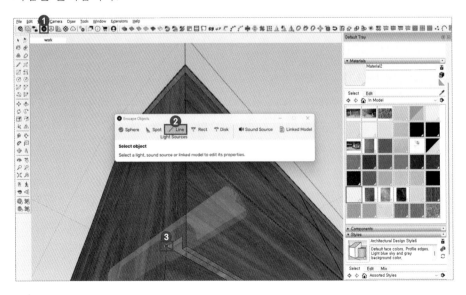

02. 원하는 방향에 맞게 두 번째 지점을 찍습니다. 원하는 방향으로 생성되지 않으면 회전 기능을 이용해서 바로잡아 줍니다.

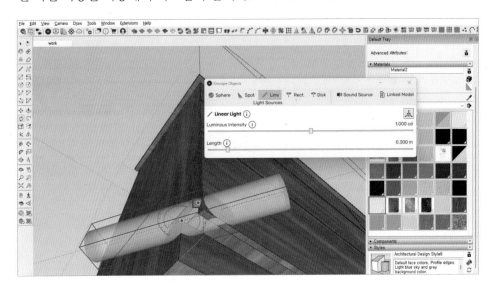

03. 조명의 길이 조절하기

생성된 조명을 더블클릭해 활성화한 후 원하는 길이를 입력합니다. 여기서는 프런트 데스크의 전체 너비를 커버하기 위해 하나의 조명을 2m로 조절한 후 2개로 복제합니다.

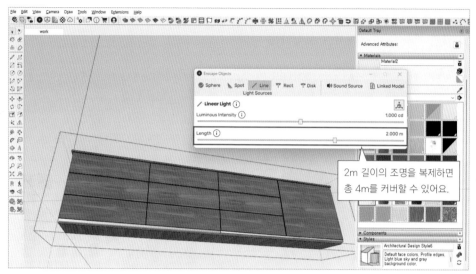

2m 길이의 조명을 복제하면
총 4m를 커버할 수 있어요.

▶ 앞에서 언급한 것처럼 엔스케이프의 인공조명은 최대 3m까지 조절할 수 있어요.

04. 조명의 세기 조절하기

Line 조명이 잘 표현되는지 확인하면서 조명 세기를 조절해 주세요. 여기서는 1,000cd로 설정했습니다.

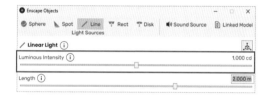

05. 엔스케이프 화면에서 간접 조명이 잘 표현됐는지 확인해 보세요.

램프 조명

이제 로비 프런트 위에 있는 램프에 조명을 설치해 보겠습니다. 구형의 조명인 **스피어 조명**(sphere light)을 이용하면 램프에서 사방으로 빛이 나는 효과를 연출할 수 있어요.

▶ 여기부터는 화면 표기에 맞춰 스피어 조명을 'Sphere 조명'으로 부르겠습니다.

직접 해보세요! ▷▷▷ Sphere 조명 설치하기

램프의 빛이 사방으로 퍼져 나간다는 특징을 고려해 램프 내부에 Sphere 조명을 설치해 보겠습니다.

01. ❶ Enscape Objects 창을 열고 ❷ [Sphere]를 선택합니다. ❸ 램프를 천천히 두 번 클릭해서 Sphere 조명을 생성합니다.

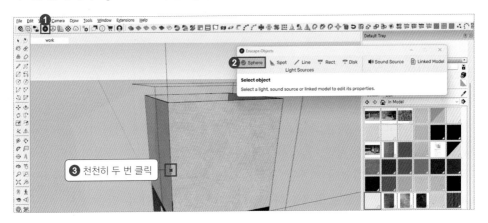

02. Sphere 조명의 세기를 1,000cd로 조절합니다.

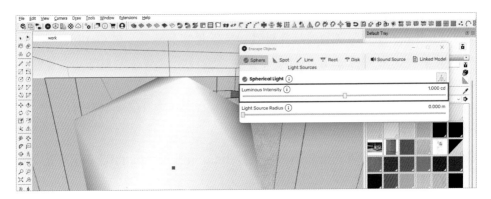

03. 램프 안에 조명을 배치합니다.

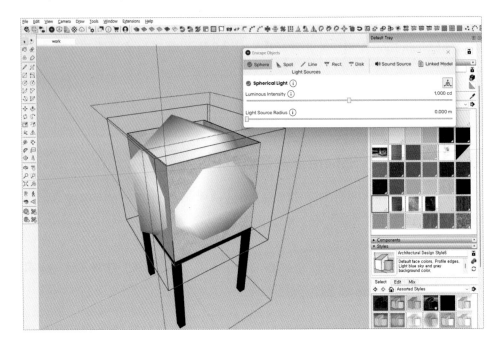

조명 관리의 중요성

조명을 설치하고 조절하다 보면 어느 순간 불편함을 느끼게 될 거예요. 조명값 하나만 수정하려고 해도 해당 조명을 일일이 찾아서 활성화해야 하니까요. 공간이 작다면 크게 번거롭지 않지만, 공간이 넓어지면서 용량이 커지면 움직이기도 힘들고 간혹 잘못해서 스케치업이 꺼지는 불상사가 일어나기도 합니다. 이때 스케치업의 Outliner 패널을 활용하면 조명을 하나하나 편리하게 관리할 수 있습니다.

직접 해보세요! ▷ 조명 관리하기

스케치업의 Entity Info 패널에서 조명에 이름을 붙여 등록해 두면 Outliner 패널에서 검색 한 번으로 해당 조명을 쉽게 찾을 수 있습니다. 조명을 관리하기가 훨씬 수월해지겠죠?

01. 조명 등록하기
❶ 램프를 클릭하고 ❷ Entity Info 패널의 Definition에 Lamplight라고 입력합니다.

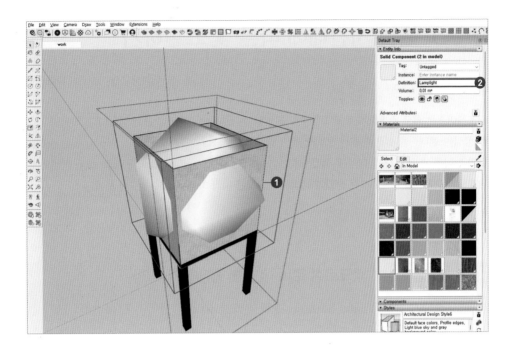

02. 조명 검색하기

❶ Outliner 패널의 Filter에 Lamplight를 검색해서 방금 등록한 조명이 나오는지 확인합니다. ❷ 해당 이름을 더블클릭하면 조명의 속성을 즉시 수정할 수 있어요.

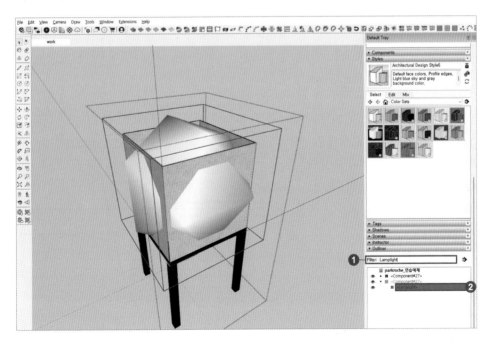

04-5 밤낮 시간대에 따른 빛 표현하기

• 준비 파일 이어서 실습　　• 완성 파일 없음

엔스케이프는 쉽고 간편하게 값을 조절하고 확인할 수 있다는 것이 가장 큰 장점입니다. 하지만 이러한 장점이 렌더링을 설정할 때는 오히려 독이 될 수 있는데요. 이것저것 만지다 보면 한 번은 원하는 결과가 나올 수도 있지만, 다음에 작업할 때도 '감각'만 믿어야 한다는 것이 문제죠. 결국 작업의 효율성도 떨어지게 되겠죠? 그런 상황에 대비해 차근차근 따라 하면서 빛을 설정해 보세요.

> **직접 해보세요!** **파크로쉬 로비 내부 빛 통제하기 — 밤**

빛을 설정하기 전에 Visual Settings 창을 열고 [Image] 탭에서 **Effects**의 모든 값을 0%로 설정해 주세요. Effects 옵션은 이미지 보정과 관련된 요소로, 빛을 잡는 과정에서는 오히려 방해가 될 수 있어요. 이와 같이 빛을 설정할 때 값을 하나씩 고정해 나가는 것이 가장 중요합니다. 애초에 값을 고정하지 않고 혼합해서 적용하면 인과관계가 보이지 않습니다. '이것을 낮추면서 어떤 값이 내려갔고 저것을 올리려면 이전 단계의 어떤 값을 올려야 한다.'라는 공식을 파악하기 위해 단계별로 하나씩 고정할 필요가 있어요.

01. 태양빛 제거하기

처음에는 직접 조절할 필요가 없는 값을
제거하는 것부터 시작합니다. 가장 먼저
Sun Brightness 값을 없애야 합니다. 밤 장
면을 찍는 데 태양빛은 필요 없으니까요.
❶ Visual Settings 창의 [Atmosphere]
탭에서 ❷ Sun Brightness 값을 0%로
설정합니다.

위의 이미지와는 달리 태양빛이 전혀 들어오지 않죠?

02. HDRI 내려받기

다음으로 제거할 요소는 배경의 빛입니다. 엔스케이프에서 태양빛을 제거해도 스케치업의 시간대가 낮이면 배경 자체에 빛이 살아 있어요. 하지만 HDRI를 사용하면 HDRI의 밝기를 인위적으로 조절할 수 있어서 값을 쉽게 조절할 수 있습니다. 여기서 만들 장면은 밤 시간대이므로 밤 전용 HDRI를 적용하거나 낮 HDRI를 적용한 후 어둡게 만들어야 합니다.

Poly Haven(polyhaven.com/hdris)에 접속한 후 ❶ 왼쪽 메뉴에서 [Skies → Night]를 선택하고 ❷ [Satara Night (No Lamps)]를 찾아 내려받으세요.

EXR은 엔스케이프에서 사용할 수 없으므로 HDR로 내려받으세요.

03. HDRI 적용하기

❶ Visual Settings 창에서 [Sky] 탭을 클릭하고 ❷ Source에서 [Skybox]를 선택한 후 ❸ 내려받은 HDRI를 적용하면 내려받은 HDRI가 배경으로 적용됩니다.

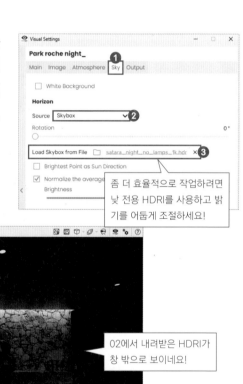

좀 더 효율적으로 작업하려면 낮 전용 HDRI를 사용하고 밝기를 어둡게 조절하세요!

02에서 내려받은 HDRI가 창 밖으로 보이네요!

HDRI의 Brightness 값을 최소한으로 낮추면 다음과 같이 표현할 수 있습니다.

04. 노출값 조절하기

태양빛과 HDRI 배경의 빛을 잡았다면 노출값을 조절합니다. 나중에 태양빛과 배경빛이 바뀌어도 현재 상태에서 크게 변화하지는 않기 때문입니다.

❶ Visual Settings 창을 열고 [Main] 탭에서 ❷ [Auto Exposure]의 체크 표시를 해제한 후 화면을 식별할 수 있는 정도로 Exposure 값을 조절합니다. 앞으로 조절할 인공조명 값을 고려해야 하므로 원하는 밝기보다 조금 어둡게 지정하는 것이 좋습니다. 어두운 것을 밝게 조절하기는 쉽지만, 밝은 것을 어둡게 설정하는 것은 어려울 때가 많기 때문이죠.

05. 인공조명 밝기 조절하기

Visual Settings 창에서 [Atmosphere] 탭을 클릭하고 Artificial Light Brightness 값을 조절해 인공조명의 밝기를 조절할 수 있어요. 이 값은 자체적으로 빛을 내는 요소(태양빛, 하늘 배경빛)를 제외한 모든 발광체의 밝기를 조절합니다. 스위치를 켜고 끄는 것처럼 0%는 '끄기', 100%는 '켜기'라고 인식하면 헷갈리지 않을 거예요.

초기값은 항상 100%인데, 화면이 어두운 것 같다면 값을 그 이상으로 조금씩 올려 보세요. 반대로 너무 밝은 것 같으면 100% 이하로 값을 조금씩 내려 보세요.

Artificial Light Brightness: 125%

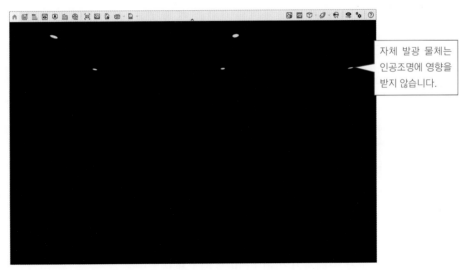

Artificial Light Brightness: 0%

06. 노출값 다시 조절하기

빛 조절의 마지막 단계입니다. 앞의 과정을 거치면서 이미지의 완성도가 이미 많이 높아졌을 거예요. 이미 앞에서 노출값을 잡았어도 인공조명 밝기를 조절하면서 설정이 바뀌었으므로 [Main] 탭에서 한 번 더 Exposure 값을 잡아 줘야 합니다.

Exposure: 49%

컴퓨터에서 눈을 잠시 뗐다가 다시 장면을 보았을 때 부족한 느낌이 든다면 실습을 다시 순서대로 진행해 보세요. 마음에 들 때까지 반복하다 보면 더 좋은 이미지를 얻을 수 있어요.

직접 해보세요! **파크로쉬 로비 내부 빛 통제하기 — 낮**

낮 시간대의 조명도 밤 시간대 조명을 조절하는 것과 비슷합니다. 단, 낮 시간대에 적합한 조명 조절 과정에는 Sun Brightness 값을 조절하는 단계가 추가됩니다. 이 순서가 절대적인 것은 아니지만, 이 과정을 한 번 진행하면 기본 토대를 다질 수 있으므로 필요에 따라 선택적으로 값을 조절해도 적정 범위를 벗어나지 않아요. 머릿속에 이 순서가 자리 잡을 때까지 여러 번 따라 해보세요.

01. Visual Settings 창을 열고 ◁ 버튼을 클릭합니다. ❶ [Create Preset]을 클릭하여 새로운 프리셋을 만든 후, ❷ 생성된 [Custom Preset]에서 마우스 오른쪽 버튼을 누르고 [Rename]을 선택해 이름을 수정합니다. 해당 항목의 이름은 주간으로, 앞의 실습에서 설정한 프리셋의 이름은 야간으로 수정합니다.

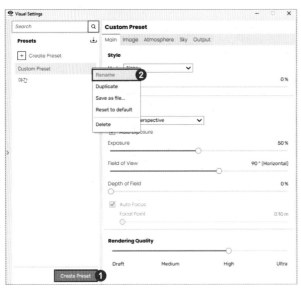

▶ 주간 설정값과 야간 설정값은 몇 가지 요소만 다릅니다. 하나의 프리셋을 먼저 설정한 다음 [Rename] 대신 [Duplicate]를 클릭해 복제하고 복제된 프리셋의 일부 설정을 수정해도 됩니다.

02. 모든 빛 요소 제거하기

엔스케이프에 있는 모든 빛을 없애 보겠습니다. ❶ [Atmosphere] 탭에서 ❷ Sun Brightness, ❸ Artificial Light Brightness 값을 0%로 조절하고, ❹ [Sky] 탭에 들어가 HDRI의 Brightness를 가장 낮은 값으로 조절합니다.

▶ 이때 [Auto Exposure]는 비활성화해 주세요.

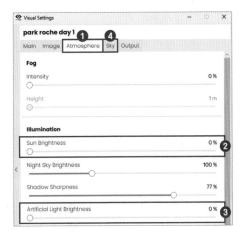

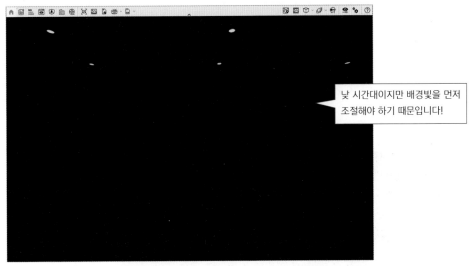

> 낮 시간대이지만 배경빛을 먼저 조절해야 하기 때문입니다!

03. HDRI 내려받기

이번에는 배경빛(HDRI)을 제한하기 위해 밝은 하늘의 HDRI를 적용해 보겠습니다. ❶ [Skies→Clear]를 선택하고 ❷ [Noon Grass]를 내려받으세요.

> 이번에는 낮 전용 HDRI를 내려받으세요!

04. HDRI 적용하기

다시 엔스케이프에서 Visual Settings 창을 열고 ❶ [Sky] 탭에서 ❷ Source를 [Skybox]로 선택합니다. ❸ 내려받은 HDRI를 적용한 후 ❹ Brightness 값을 올려 주면 배경으로 깔린 HDRI가 밝아집니다. 엔스케이프 장면이 밝아질 때까지 조절합니다.

건물 바깥쪽 정보가 중요하면 [White Background]의 체크 표시를 해제해 배경을 표현해야 하지만, 그렇지 않다면 배경을 하얗게 태워버리는 방법도 유용합니다. 너무 많은 정보는 오히려 투시도에 마이너스 요인이 되기도 하니까요. 특히 낮 시간대는 상대적으로 바깥쪽이 더 밝아 실제로도 하얗게 보입니다. 그렇다고 해서 배경이 사라진 것은 아니고 배경값은 유지하되 렌더에서만 하얗게 보이는 것입니다. 따라서 배경이 주는 색감은 여전히 렌더에 영향을 미칩니다.

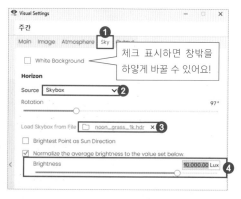

[White Background]의
체크 표시를 해제한 화면

밖이 하얗게 보이지만 실내에는
영향을 주지 않습니다.

[White Background]에 체크 표시한 화면

05. 노출값 조절하기

HDRI 밝기를 설정했으면 화면을 식별할 수 있을 정도로 노출값을 조절합니다. ❶ [Main] 탭에서 ❷ Exposure 값을 적절히 조절하세요. 여기서는 51%로 설정했습니다.

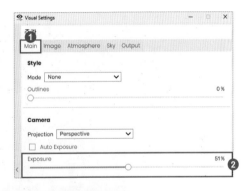

너무 밝아지지 않게 주의하세요!

06. 태양빛 조절하기

밤 렌더링에서 HDRI와 인공조명만으로 빛을 표현한다면 낮 렌더링에는 태양빛이 하나 더 추가됩니다. 즉, 낮 시간대의 렌더링을 할 때는 변수가 하나 더 추가되기 때문에 그만큼 더 세밀하게 조절해야 합니다.

시간대를 조절해도 해가 이동하지 않는다면 ❶ Visual Settings 창의 [Sky] 탭에서 ❷ [Brightest Point as Sun Direction]의 체크 표시 여부를 확인해야 합니다. 이 항목에 체크 표시하면 태양이 HDRI의 가장 밝은 포인트를 따라갑니다. 시간대에 맞게 태양을 조절하려면 이 기능의 체크 표시를 해제하세요.

07. ❶ [Image] 탭에서 ❷ Shadows 값을 조절해 그림자의 농도를 조절하고, ❸ [Atmosphere] 탭에서는 ❹ Shadow Sharpness 값을 조절해 그림자의 선명도를 조절합니다.

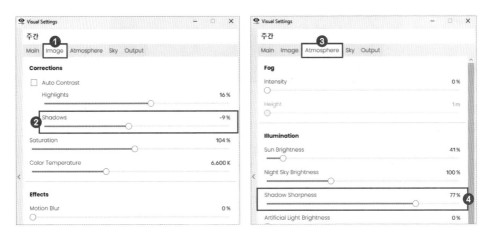

08. 태양빛 때문에 이미지의 색감이 전체적으로 노랗게 변하네요. 이런 경우 다시 [Image] 탭을 클릭한 후 Color Temperature 값을 높여 파란색 빛을 추가하면 노란색 빛이 중화됩니다.

09. 인공조명 밝기 조절하기

낮 장면을 렌더링할 때는 인공조명의 비
중이 야간에 비해 많이 줄어듭니다. 하
지만 여전히 인공조명은 켜져 있어야 하
므로 Artificial Light Brightness 값
은 100%에서 시작해야 합니다. 너무
밝으면 상황에 맞게 조금씩 낮춰 조절하
세요.

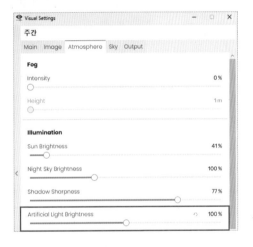

10. 노출값 다시 조절하기

이미지를 거의 완성했으면 마지막으로 한 번 더 노출값을 잡아 줍니다. 이번에도 컴퓨터에서 눈을 잠시 뗐다가 다시 화면을 보고 허전한 부분이 있으면 다시 순서대로 진행합니다. 이 과정을 여러 번 반복할수록 더 좋은 이미지를 얻을 수 있어요.

최적의 이미지를 만드는 노출값을 찾아보세요!

Exposure: 52%

두 실습을 통해 파크로쉬 내부 투시도를 밤낮에 따라 다르게 설정해 보았습니다. 이어서 투시도를 좀 더 실감나게 만들기 위해 프런트 데스크에 나무 질감을 표현하고 유리창에 문양을 적용하는 등 로비에 있는 객체에 재질을 넣어 보겠습니다.

04-6 재질값 설정하기

• 준비 파일 이어서 실습   • 완성 파일 없음

건축 투시도에서 가장 큰 차이를 만드는 것은 구도와 재질, 빛입니다. 그중에서도 재질은 렌더링의
디테일을 결정짓는 중요한 요소라고 할 수 있어요. 이번에는 재질 표현 방법을 알아보겠습니다.

재질값 평균으로 맞추기

엔스케이프는 03-5절에서 언급했듯이 재질값을 평균으로 맞추면 그 장점을 극대화
할 수 있습니다. 스케치업에서 Enscape Material Editor 창을 열고 **Roughness,
Metallic, Specular** 값을 모두 50%로 설정합니다. 이렇게 모든 재질에 중간값을
적용하면 가장 평균적인 질감으로 표현할 수 있어요.

재질 반사의 정도가 딱 중간값을 가지면 이후 작업에서는 디테일만 조절하면 되므
로 렌더링 작업이 훨씬 편리해집니다.

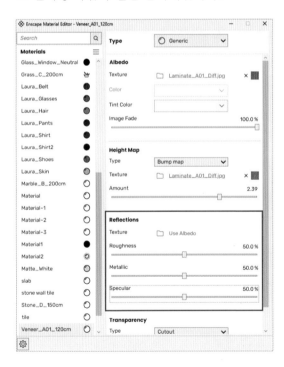

이미지의 완성도를 높이기 위해 재질을 디테일하게 표현해 볼까요? 좀 더 매트하게 표현하려면 Roughness 값을 50%보다 크게, 광택이 나는 재질을 원하면 50%보다 작게 조절합니다.

Roughness: 44.3%

재질의 거칠기와 높낮이 표현하기

Height Map을 조절하면 질감의 거칠기 및 불규칙적인 높낮이를 표현할 수 있어요. **[Bump map]**과 **[Normal map]**은 재질의 거칠기를, **[Displacement map]**은 재질의 높낮이를 표현합니다.

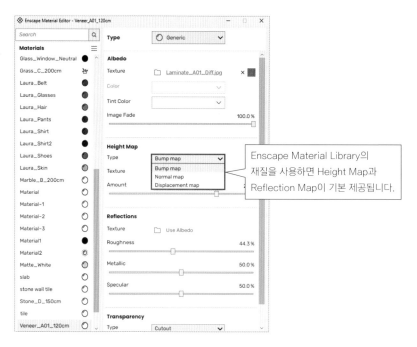

엔스케이프에서는 이미지 파일이 연결된 매핑만 등록되어 있으면 자동으로 Height Map용 매핑을 적용해 주는 [Use Albedo] 기능을 제공합니다. 원래는 Bump나 Normal에 해당하는 매핑을 직접 등록해야 하지만, Albedo 기능을 사용하면 엔스케이프에서 자동으로 변환해 적용해 줍니다. 퀄리티도 상당히 좋아 매우 유용하게 쓰입니다.

직접 해보세요! ▷ **프런트 데스크와 돌벽에 거친 느낌 더하기**

먼저 거칠기를 표현해 보겠습니다. 스포이트로 프런트의 나무 재질을 클릭해 찍은 후 Enscape Material Editor 창을 엽니다.

01. 돌출 정도 설정하기

❶ Height Map의 Type을 [Bump map]으로 설정하고 ❷ [Use Albedo]를 클릭합니다. ❸ Amount 값을 자유롭게 조절하면서 변화를 확인해 보세요.

[Bump map]을 적용하기 전

[Bump map]을 적용한 후

Image Fade 값을 0%로 조절해 보세요!

Enscape Material Editor 창에서 [Use Albedo]를 클릭하고 Image Fade 값을 0%로 설정하면 매핑된 재질은 사라지고 엔스케이프에서 [Bump map] 효과만 표현되어 Amount 값에 따른 변화를 정확하게 확인할 수 있어요. Amount를 +10에서 -10까지 조절해 보면서 방향을 확인해 보세요.

Image Fade: 0%, Amount: +10   Image Fade: 0%, Amount: -10

02. 불규칙적인 높낮이 표현하기

이번에는 재질의 불규칙적인 높낮이를 표현해 보 겠습니다. 스포이트로 프런트 뒤의 돌벽 재질을 찍 어 주세요.

❶ Height Map의 Type을 [Displacement map] 으로 변경한 후 ❷ [Use Albedo]를 클릭해 재질 을 적용합니다. ❸ Amount 값을 조절하면서 방향 을 확인해 보세요.

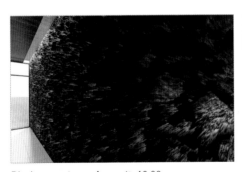

단순한 거칠기가 아닌 높낮이의 변화를 느껴 보세요!

Displacement map Amount: -10.00   Displacement map Amount: +10.00

03. 방향을 확인한 후 엔스케이프 화면을 보면서 Amount 값을 적절하게 조절하세요.

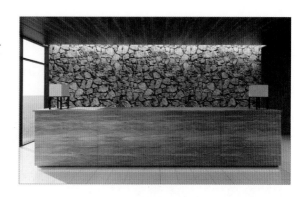

유리 투명도 설정하기

Transparency의 Type을 [Cutout]으로 선택하면 유리를 불투명하게 표현할 수 있습니다. 그런 다음 [Cutout]의 Texture에 그러데이션 매핑을 넣으면 불투명도까지 조절할 수 있어요.

Type을 [Transmittance]로 설정하면 두 옵션의 차이를 더 명확하게 확인할 수 있어요. [Cutout]에 그러데이션을 적용하면 불투명도가 조절되긴 하지만, 여전히 형태를 알 수 있죠. 하지만 [Transmittance]에 그러데이션을 적용하면 그러데이션의 검은색 영역이 나타나지 않아 상자의 밑부분이 아예 사라집니다.

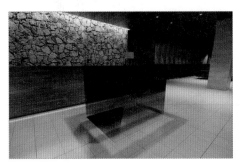
[Cutout] 설정 후 그러데이션 매핑한 경우

[Transmittance] 설정 후 그러데이션 매핑한 경우

따라서 투명한 유리를 표현하려면 [Transmittance]를 선택해야 합니다. [Transmittance]로 설정하면 투명도와 굴절률을 조절할 수 있는 옵션이 나타나는데, 그중 Opacity 값을 조절함으로써 유리의 질감 표현을 시작할 수 있습니다. 유리창에 로비가 선명하게 비칠 정도로 Opacity 값을 조절해 보세요.

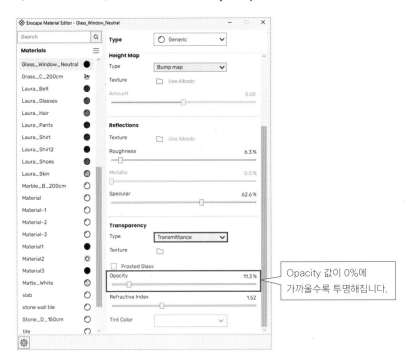

Opacity 값이 0%에 가까울수록 투명해집니다.

Refractive Index는 굴절률을 조절하는 옵션입니다. 엔스케이프가 공식적으로 소개하는 굴절률은 다음과 같습니다.

사물	굴절률
물(water)	1.33
유리창(window glass)	1.52 *여기서는 이 값으로 설정해 보세요.*
다이아몬드(diamond)	2.42

[Frosted Glass]에 체크 표시하면 사틴(satin) 유리를 간단하게 만들 수 있습니다. Roughness 값을 높일수록 반투명한 사틴 질감에 가까워집니다.

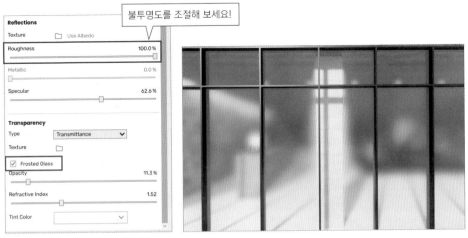

유리에 문양 넣기

유리창에 Height Map을 적용하면 특별한 문양을 표현할 수 있습니다. 먼저 구글에서 water drop bump map을 검색해 재질을 내려받으세요.

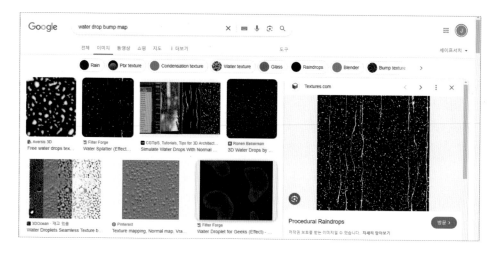

Enscape Material Editor 창에서 Height Map의 Type을 [Bump map]으로 설정합니다. 방금 전 내려받은 매핑 파일을 Texture에 넣어 줍니다.

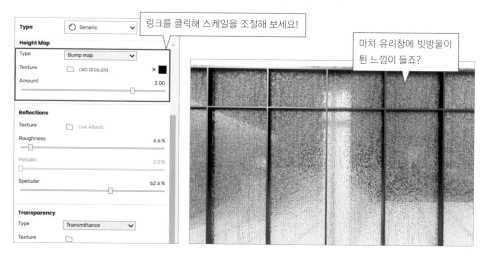

빛을 투과하는 램프 천 만들기

이번에는 램프를 살펴볼까요? 분명 램프인데 빛이 투과하지 않죠? 이것은 램프의
천이 빛을 투과시키지 않는 재질이기 때문입니다.

빛이 램프의 천을 투과하도록 천의 재질을 수정해 보겠습니다. 먼저 Type을 [Foliage]
로 변경하고 Transparency의 Texture에 천 매핑을 넣어 줍니다. 예제와 같이 흑백으
로 된 질감을 넣으면 질감의 검은색 부분에 해당하는 영역을 빛이 투과합니다. 엔스케
이프 화면을 확인하면서 적절하게 재질의 스케일을 맞춰 주세요.

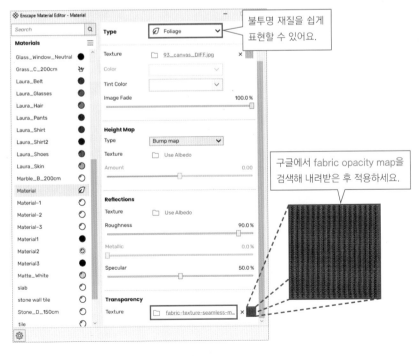

Transparency에 적용한 매핑에서 [Inverted]를 활성화하면 매핑의 색이 반전됩니다. 투명한 부분이 반전되면서 원하는 표현을 얻을 수 있습니다.

Sphere 조명이 가운데에 있으니 모델링에서 겹치는 부분이 조화롭지 않게 렌더링되네요. Sphere 조명의 위치를 위로 옮겨 주면 문제를 해결할 수 있습니다.

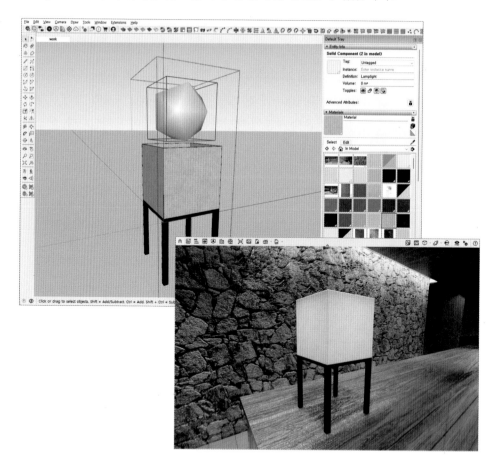

04-7 렌더링 후작업하기

• 준비 파일 이어서 실습   • 완성 파일 파크로쉬_완성.skp

이제 만들어진 렌더링 후보정해서 마무리할 차례입니다. 실무에서 유용한 설정값 연동까지 실제로 유용한 방법을 소개할 것이니 천천히 따라 하면서 익혀 보세요.

렌더링 이미지 보정하기

엔스케이프에서 보정을 잘 거치면 따로 후보정을 하지 않아도 될 정도의 이미지를 완성할 수 있습니다. Visual Settings 창의 [Image] 탭에서 Highlights 값과 Shadows 값을 조절하면 이미지에 대비감을 줄 수 있는데요. 다음의 두 이미지를 비교해 볼까요? 언뜻 보면 큰 차이가 없어 보이지만 대비감이 살짝 더해진 아래의 장면이 좀 더 강력하고 조화롭게 느껴집니다.

미세하지만 대비감이 좀 더 두드러지지 않나요?

제가 설정한 보정값을 소개하니 여러분이 설정한 값과 비교해 보면서 값을 조절해 보세요. 이미지의 변화를 느끼면서 값을 조절하다 보면 큰 차이를 만들 수 있어요.

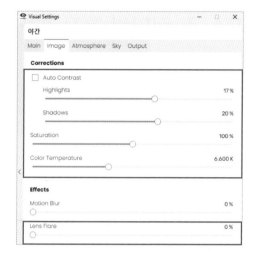

▶ 이 항목들을 중심으로 보정하는 것을 권장합니다. 각 기능은 02-5절을 참고하세요.

Depth of Field 값을 조절하면 장면에 깊이감을 더할 수 있어요. [Main] 탭의 Depth of Field 값을 1% 이상으로 높이면 Focal Point가 활성화되는데, Focal Point 값을 조절하면 초점을 지정할 수 있습니다.

Depth of Field 값을 조절해 초점 이외의 객체의 흐림 정도를 설정하고 Focal Point 값을 높여 인물을 선명하게 표현해 보세요.

인물에 초점이 맞춰졌어요.

출력 비율 미리 확인하기

Visual Settings 창의 [Output] 탭에서는 이미지의 크기를 설정할 수 있어요. 특히 [Custom]을 이용하면 사용자가 입력한 크기대로 렌더링 이미지가 출력됩니다.

Resolution으로 [Custom]을 선택하면 [Use Viewport Aspect Ratio]가 활성화되는데, 이 항목에 체크 표시하면 모니터 화면 비율을 그대로 따라갈 수 있습니다. 하나의 컴퓨터에서만 작업한다면 상관없지만, 그렇지 않은 경우에는 화면의 비율이 깨질 수 있으므로 [Use Viewport Aspect Ratio]의 체크 표시를 해제해 주세요. 출력 크기가 다시 설정된 이미지를 확인하기 위해 메뉴에 있는 ▨ 아이콘을 클릭해 활성화해 보세요. 비율상 벗어난 부분은 검은색으로 표현됩니다.

낯과 밤 설정값 연동하기

View Management에서는 장면마다 설정값을 저장해 둘 수 있어요. 하나의 장면에
낯과 밤의 값을 각각 저장해 두면 같은 장면에서 낯밤의 분위기를 비교해 보기도 좋
겠죠?

01. 같은 위치에서 장면 2개 만들기

❶ 🔲 아이콘을 클릭하고 ❷ [Create View]를 클릭해 같은 장면을 2개 만듭니다.
❸ 헷갈리지 않기 위해 각 장면의 이름을 로비_낯, 로비_밤으로 바꾸세요.

02. 각 장면에 맞게 Preset 연동하기

❶ 각 장면의 🖉 아이콘을 클릭하고 Linked Visual
Preset을 설정합니다. ❷ '로비_낯'에는 [주간] 설정값
을, '로비_밤'에는 [야간] 설정값을 선택하고 ❸ [Save]
를 클릭해 장면을 저장하세요.

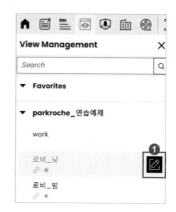

▶ 각 설정값은 04-5절에서 저장해 둔 값입니다.

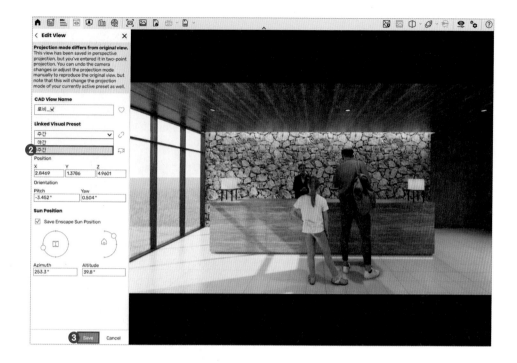

03. 연동된 장면 확인하기

저장한 장면을 선택하면 각 장면마다 설정값이 적용된 상태로 자동 변환됩니다. 일일이 설정값을 바꾸지 않아도 되어 효율적으로 렌더링을 할 수 있어요.

렌더링 출력하기

엔스케이프 메뉴에서  아이콘을 클릭합니다. 이미지 파일을 저장할 경로와 파일
이름을 설정하고 [저장]을 클릭해 렌더링을 시작하세요.

이때 Visual Settings 창에서 [Export Object-ID, Material-ID, Depth Channel and Alpha Channel]에 체크 표시했으면 총 5장이 렌더링됩니다. 이렇게 추가로 뽑은 이미지는 포토샵을 이용해 후보정할 때 아주 유용하게 사용할 수 있어요.

원본 이미지

Object-ID

Material-ID

Depth Channel

배치 렌더링으로 여러 장면 한 번에 추출하기

배치 렌더링(batch rendering)을 이용하면 여러 장면을 쉽게 추출할 수 있어요. View Management의 설정값 연동 기능이 빛을 발하는 것이죠. 🖾 아이콘을 클릭해 Batch Rendering 창을 열고 장면을 선택하세요. [Render Images]를 클릭하면 사전에 잡아 둔 장면이 자동으로 추출됩니다.

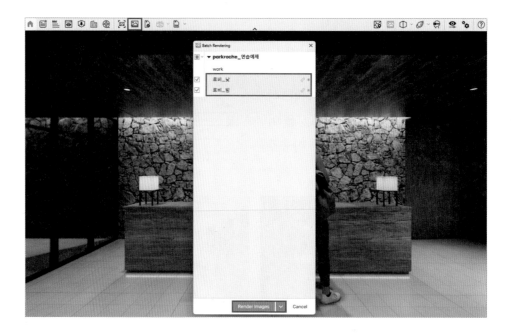

 베스트 장면을 쉽게 찾고 싶어요!

View Management에서 아이콘을 클릭해 Edit View 창을 열고 장면 이름의 오른쪽에 있는 ♡ 아이콘과 [Save]를 순서대로 클릭하면 Favorites 목록에 선택한 장면이 나타납니다. 작업하는 장면이 많을 경우 특정 장면을 Favorites에 등록해 두면 베스트 장면을 쉽게 찾을 수 있어서 편리합니다.

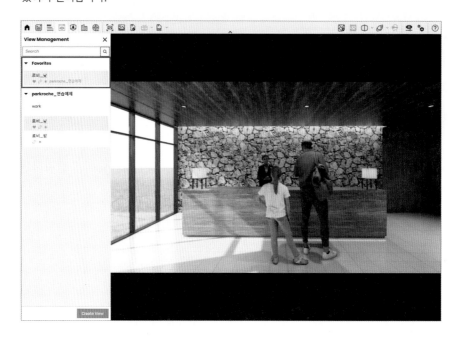

로비 공간 디테일 살리기

파크로쉬 로비의 내부 렌더링을 모두 잘 따라 했으면 예제에서 할 수 있는 기본 렌더링 설정은 끝났습니다. 이제 디테일을 살려 내부 투시도를 완성하기 위해 장소에 적절한 사람들과 객체들을 찾아 배치해 볼까요?

파크로쉬의 실제 모습을 담고 있는 사진을 보며 가구들을 직접 모델링해서 제작해도 되고, 애셋 라이브러리나 3D 웨어하우스에서 불러와도 됩니다. 마음껏 꾸며 본 후 여러 각도에서 장면을 제작해 보세요.

힌트

☑ 애셋 라이브러리의 [People] 카테고리에서 사람 애셋을 불러오고, [Accessories] 카테고리에서 작은 소품 또는 다과류를 불러와 테이블 위에 배치해 보세요.
☑ 3D 웨어하우스에 접속해 특정 모델링을 불러와도 좋아요!
☑ 로비의 특징을 가장 잘 나타낼 수 있는 구도를 잡아 보세요.

프로젝트 2: 세인트루이스 미술관

04장에 이어 한 번 더 내부 투시도를 작성해 보겠습니다. 이 책에서 내부 투시도를 여러 번 다루는 이유는, 제일 어렵지만 렌더링 실력을 높이는 데 가장 좋은 방법이 바로 내부 투시도를 제작해 보는 것이기 때문이에요. 이번 장에서는 데이비드 치퍼필드(David Chipperfield)가 설계한 세인트루이스 미술관을 렌더링해 보겠습니다. 천천히 따라 하면서 실력을 높여 보세요.

05-1 투시도의 목표 잡기

이미 존재하는 공간을 재구성할 때는 다양한 구도의 사진이나 건축가의 설명을 참고해서 특색을 잡으면 됩니다. 하지만 공간을 상상해서 구성할 때는 사전 조사와 클라이언트와의 소통을 통해 공간이 돋보이는 가장 완벽한 환경을 유추해 내야 합니다. 그럼 이제부터 세인트루이스 미술관의 신축 공간을 어떻게 렌더링할지 상상해 볼까요?

렌더링 구상하기

세인트루이스 미술관의 증축 프로젝트로 새로 만든 이 공간은 현대 미술을 위한 목적으로 쓰입니다. 기존의 공간들과 조화를 이루면서도 특유의 굵직한 천장 그리드 매스가 두드러지는 것이 특징입니다. 공간 속 각 요소들이 강력하지만 과하지 않게 어우러져 상당히 인상 깊습니다.

이 공간을 가장 잘 보여주는 시간대는 '낮'입니다. 넓고 큰 유리창 밖으로 녹음이 시원하게 보이고 격자 모양의 굵직한 콘크리트 천장으로 태양빛이 하얗게 부서지는 것이 포인트죠. 공간의 특성을 유념하면서 장면을 렌더링한다면 더욱 매력적인 CG 이미지를 제작할 수 있습니다.

05-2 자연물과 가구, 사람 배치해 공간감 살리기

• 준비 파일 세인트루이스 미술관.skp   • 완성 파일 없음

우리는 미술관의 낮 장면을 제작해 볼 거예요. 미술관 내부의 창이 아주 커서 바깥 풍경이 매우 잘 보인다는 것을 인지하는 것이 중요합니다. 미술관 외부에는 나무와 같은 자연물을 풍부하게 배치하고 실내에는 가구와 사람을 배치해 공간감을 살려 보겠습니다. 자료실에서 내려받은 '세인트루이스 미술관.skp' 파일을 실행한 후 실습을 진행하세요.

> **직접 해보세요!** ⟩ **유리창 밖에 보이는 자연물 배치하기**

미술관의 바깥에 다양한 종류의 나무를 설치해 보겠습니다. 자연물을 심을 때는 그 모양과 크기가 제각기 달라야 좀 더 현실감 있게 표현할 수 있어요. 여기서는 애셋 라이브러리에서 소스를 불러와 공간감을 부여해 보겠습니다.

01. 나무 직접 배치하기

자연물 중 나무를 배치할 것이므로 Tags에서 [Tree]에 체크 표시합니다. 무성한 녹음을 표현하기 위해 2종 이상의 나무를 선택해 최대한 빼곡하게 설치합니다.

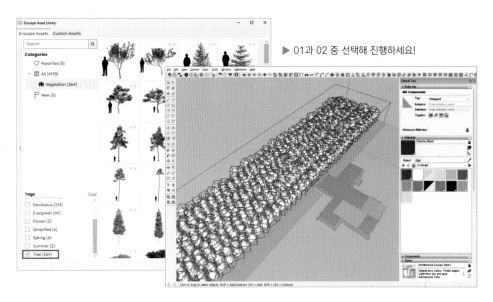

▶ 01과 02 중 선택해 진행하세요!

02. Multi-Asset Placement 기능으로 나무 심기

나무를 01처럼 하나하나 심지 않고 한 번에 심은 후 밀도와 분포도를 설정할 수 있습니다.

▶ 02-2절에서 사용법을 자세히 다뤘습니다.

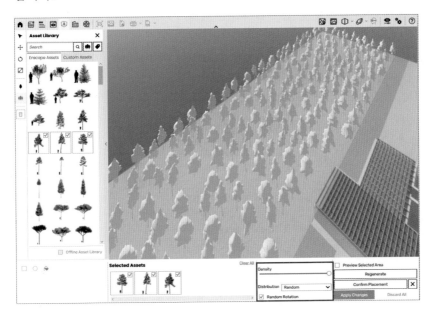

03. 나무를 빼곡하게 연출하기

밀도를 최대로 높였는데도 불만족스럽다면 나무 전체를 선택한 후 복제해 보세요. 실제 숲이 빈틈없이 식생으로 꽉 채워져 있는 것처럼 렌더링에서도 비슷하게 만들어 줍니다.

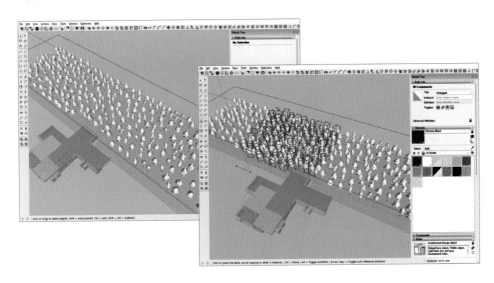

04. 꽃 배치하기

애셋 라이브러리에서 [Vegetation] 카테고리를 선택한 후 최소 3종 이상의 식생을 무작위로 심어 줍니다. 엔스케이프 렌더링 화면에서는 스케치업 모델링 화면에서 보이는 것에 비해 적어 보이므로 조금 과하다고 느껴질 정도로 심는 것이 좋습니다.

가구 배치하기

창가 부분에 벤치를 몇 개 설치해 보세요. ❶ 애셋 라이브러리에서 [Furniture] 카테고리를 선택하고 ❷ 벤치를 스케치업으로 불러와서 자연스럽게 배치합니다.

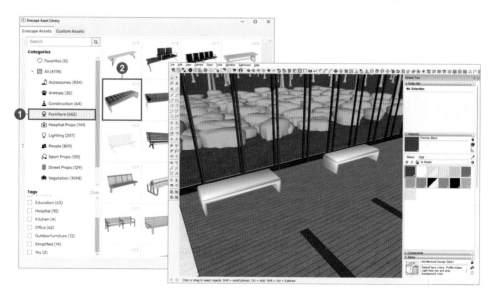

사람 배치하기

렌더링은 공간의 이야기를 담는 과정입니다. 현실에서 사진을 찍을 때도 사람들이 나의 카메라 프레임 안에서 취하는 행동을 포착하는 것이 아주 중요하잖아요? 렌더링에서는 우리가 직접 그 장면을 구현해야 합니다.

미술관의 느낌이 잘 드러나도록 사람을 배치해 보세요. 공간에서 일어날 수 있는 상황을 상상하며 사람을 배치하면 이미지에 생동감을 더할 수 있습니다. 아이와 함께 미술 작품을 보고 있는 어머니, 작품 사진을 찍고 있는 사람, 친구와 벤치에 앉아 바깥 풍경을 바라보면서 쉬고 있는 사람들처럼 말이죠. 특히 다른 공간에서 넘어오는 것처럼 보이는 사람을 배치하면 공간감이 한층 깊어지는 효과를 연출할 수 있습니다.

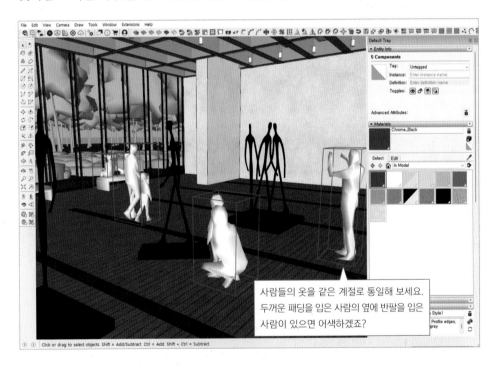

05-3 카메라의 구도 잡기

•준비 파일 이어서 실습 　•완성 파일 없음

내부 투시도의 구도를 잡을 때는 사진가가 완벽한 순간의 한 컷을 건지기 위해 같은 자리에서 수백 장의 사진을 찍듯이 수없이 잡아 놓은 다양한 구도 중에서 공간을 가장 잘 담아내는 장면을 골라내기 위해 노력해야 합니다. 마치 우연의 산물인 것처럼 보이지만 이 방법은 효과가 꽤 좋습니다. 머릿속 으로는 상상하지 못했던 장면이 담기는 경우가 아주 많거든요.

카메라의 구도 설정하기

Field of View 값을 45~60° 정도로 잡은 후 공간을 자유롭게 돌아다니면서 장면을 저장해 보세요. 그런 다음 공간의 분위기를 가장 잘 담아내는 장면을 직접 골라 보세요.

▶ Field of View 값을 조절하는 방법은 04-3절을 참고하세요!

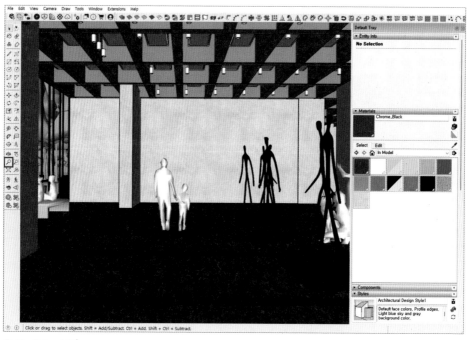

Field of View: 45°

05-4 다운라이트, 천광 표현하기

• 준비 파일 이어서 실습, white.jpg · 완성 파일 없음

미술관의 실내 공간에서 사용할 인공조명은 단 하나, 다운라이트입니다. 다운라이트는 방향성이 일정한 특성을 가진 Spot 조명과 발광면을 표현하기 위한 자체 발광을 함께 사용합니다. 사용하는 인공조명 개수로만 따진다면 쉬워 보이지만 내용은 그렇지 않아요. 이 장소에서 가장 큰 역할을 하는 빛 중 하나가 바로 외부에서 들어오는 빛이기 때문이죠. 04장에서는 태양빛만 통제하면 됐지만, 이번에는 HDRI의 빛이 적극적으로 개입되어 난이도가 높으니 잘 따라 해보세요.

직접 해보세요! ▷ 천장에 다운라이트 설치하기

다운라이트 조명을 표현할 때는 Enscape Objects 창의 Spot 기능을 사용합니다. 같은 조명을 여러 개 설치하는 경우에는 다운라이트를 하나 만들어 놓고 복사해서 사용하세요.

01. 빛이 비춰질 방향으로 보조선 그리기

❶ 다운라이트의 발광면을 더블클릭한 후 ❷ 마우스 오른쪽 버튼을 누르고 [Find Center]를 클릭합니다. ❸ 선 도구 ✏️를 선택하고 ❹ 수직 방향으로 보조선을 그립니다.

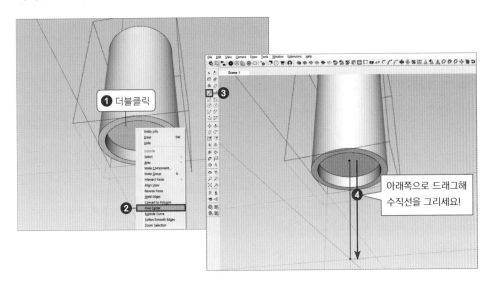

02. Spot 조명 설치하기

❶ ➕ 아이콘을 클릭해 Enscape Objects 창을 열고 ❷ [Spot]을 클릭합니다. ❸ 조명이 생성될 첫 지점을 천천히 두 번 클릭합니다.

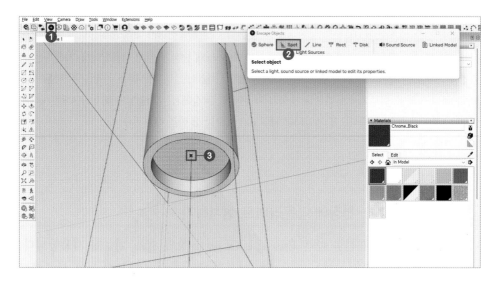

03. 이어서 보조선의 끝점을 천천히 두 번 클릭해서 Spot 조명의 형태를 만듭니다.

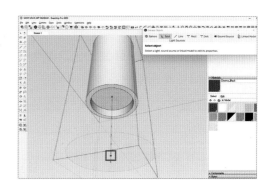

04. 빛의 세기 설정하기

생성한 Spot 조명을 더블클릭해 활성화하고 빛의 세기는 50,000cd, 각도는 90°로 조절합니다. 다운라이트 하나를 컴포넌트로 만들고 생성한 Spot 조명을 컴포넌트 안에 설치합니다.
공간에 필요한 만큼 조명을 복사해 설치하세요!

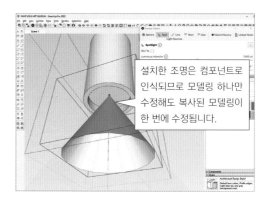

설치한 조명은 컴포넌트로 인식되므로 모델링 하나만 수정해도 복사된 모델링이 한 번에 수정됩니다.

질문 있어요! **조명 하나에만 다른 설정값을 적용하고 싶어요!**

보통 같은 종류 또는 같은 모양의 조명은 같은 설정값을 적용하므로 주로 컴포넌트화된 인공조명을 복사해서 사용합니다. 만약 그중 하나만 특별히 다르게 설정해야 한다면 조명을 새로 만들거나 해당 조명 위에서 마우스 오른쪽 버튼을 누르고 [Make Unique]를 선택해 컴포넌트를 해제하면 됩니다. 이제 그 조명의 설정값을 바꾸더라도 다른 조명에는 영향이 가지 않아요!

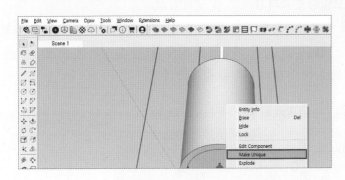

직접 해보세요! ▷ 천광 표현하기

디테일 단면도를 보면 격자 모양의 천장 사이에 하늘의 빛을 한 번 걸러내서 내부 공간으로 들여오는 일종의 장치를 확인할 수 있습니다. 바로 **라이트 스프레더**(light spreader)라는 장치입니다. 하늘의 빛이 이 장치를 투과하면서 실내에 있는 우리의 눈에 하얗게 퍼져 보이는 원리인데요.

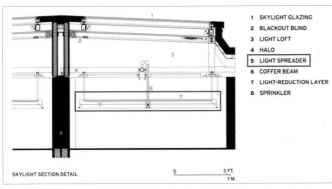

출처: Architectural Record

물론 모델링을 하는 가장 좋은 방법은 이 모든 과정을 모델링하면서 알맞은 재질을 적용하고 빛 투과 실험을 해보는 것입니다. 하지만 실내 투시도를 제작하는 수준에서 실험까지 하기에는 과정이 다소 복잡하므로 여기서는 이 장치가 작용하는 것처럼 표현해 보겠습니다.

01. 라이트 스프레더 모델링 선택하기

천장 부분의 모델링을 더블클릭하면 라이트 스프레더가 유리 모델링에 쌓여 있는 것을 확인할 수 있어요. ❶ B를 눌러 페인트통 도구 를 활성화한 후 ❷ Alt를 누른 상태에서 스포이트로 이 부분의 재질을 클릭합니다.

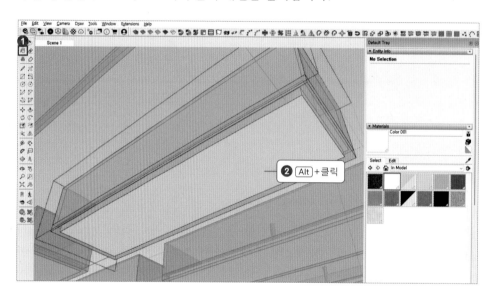

02. 빛이 투과되는 불투명한 재질 표현하기

불투명하지만 빛이 어느 정도 투과되는 라이트 스프레더의 특징을 표현해 보겠습니다.

❶ Enscape Material Editor 창을 열고 Type은 [Foliage]로, ❷ Color는 [흰색]으로 지정합니다.

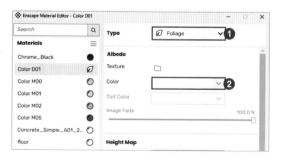

03. 큰 변화가 나타나지는 않죠?

❶ 이번에는 Transparency의 Texture에 빛이 투과할 수 있는 white.jpg 매핑을 넣어 볼게요.

❷ Brightness 값을 45% 정도로 조절하면 빛이 투과됩니다.

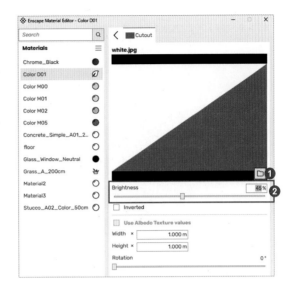

04. 보조 조명 설치하기

실제 사진에서는 이 장치가 상당한 빛을 내지만, 우리가 작성한 렌더링 화면에서는 그렇지 않으므로 보조 조명을 설치해 봅시다. Enscape Objects 창에서 Rect 조명을 위아래로 설치해 장치를 밝혀 줍니다. 설치한 보조 조명을 장치의 컴포넌트 안에 붙여 놓으면 모든 장치에서 동일하게 적용됩니다.

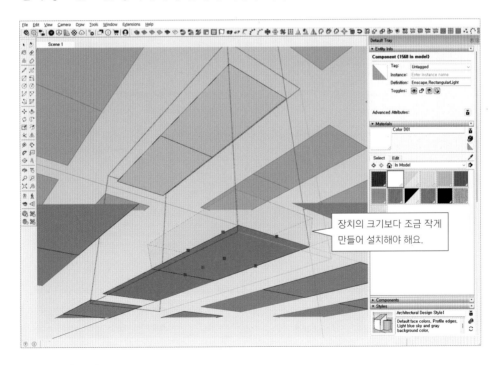

장치의 크기보다 조금 작게 만들어 설치해야 해요.

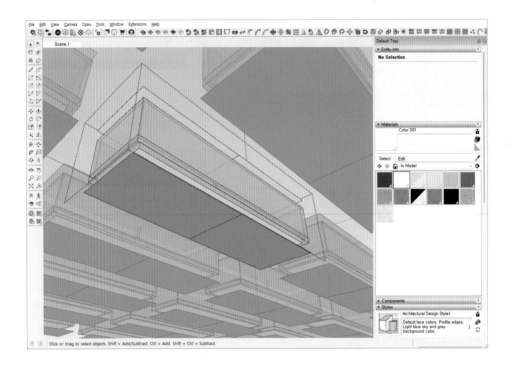

이번 실습으로 라이트 스프레더를 모델링해 보았습니다. 이어서 이 장치를 통해 태양빛과 HDRI의 빛이 투과하는 것처럼 내부로 들어오는 빛을 통제해 보겠습니다.

05-5 내부로 들어오는 빛 조절하기

• 준비 파일 이어서 실습　　• 완성 파일 없음

렌더링에서 제일 중요한 '빛 조절' 단계입니다. 한 번에 좋은 장면을 잡지 못해도 걱정하지 마세요. 오히려 여러 차례에 걸쳐 부족한 부분을 채워 나가면 더 좋은 이미지를 만들 수 있습니다.

미술관을 채우는 세 가지 빛

미술관에는 **태양빛**이 창가에서 들어오고, **하늘의 빛**이 천장의 라이트 스프레더를 통해서 내려오고 있습니다. 천장에는 인공조명인 **Spot 조명**도 설치되어 있어요. 이 미술관에는 이렇게 총 세 종류의 빛이 공간을 차지하고 있습니다.

이 미술관이 파크로쉬 정선과 다른 점은 하늘의 빛이 천장을 뚫고 들어온다는 것입니다. 파크로쉬의 로비 렌더링은 창으로 들어오는 빛만 조절하면 됐지만, 이번에는 천광이 내부 공간에 적극적으로 영향을 미치면서 작업이 좀 더 까다로워졌습니다.

창가에서 태양빛이 들어오고 있어요.

Spot 조명과 천광이 함께 미술관을 비춰요.

미술관 내부의 빛 조절해 보기

미술관 내부로 들어오는 빛의 종류를 고려하여 빛의 세기 등을 조절해 보겠습니다.

01. 태양빛과 인공조명 밝기 임시 제거하기

Visual Settings 창을 열고 ❶ [Atmo sphere] 탭을 클릭합니다.

❷ Sun Brightness 값과 ❸ Artificial Light Brightness 값을 0%로 설정합니다.

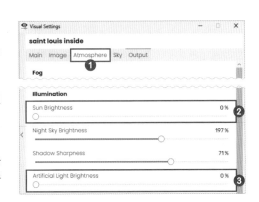

▶ 낮 장면을 찍지만 태양빛을 없애는(0%) 이유는 가장 넓은 영역에 영향을 주는 빛인 배경빛(HDRI)을 먼저 조절하기 위해서입니다.

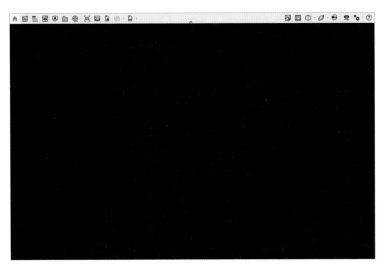

02. HDRI 밝기 조절하기

이번에는 배경빛을 제한해 볼게요. Poly Haven에서 밝은 하늘의 HDRI를 골라 내려받고 Visual Settings 창에서 ❶ [Sky] 탭을 클릭합니다. ❷ Source를 [Skybox]로 설정하고 ❸ 내려받은 HDRI를 적용합니다. ❹ 이때 Brightness 값을 0.10Lux로 조절해 가장 어두운 상태로

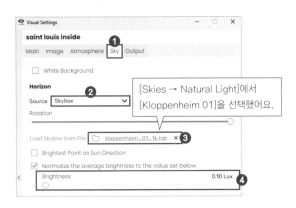

[Skies → Natural Light]에서 [Kloppenheim 01]을 선택했어요.

만들어 주세요. 화면에 빛이 아예 없어야 빛을 쉽게 수정할 수 있기 때문입니다.

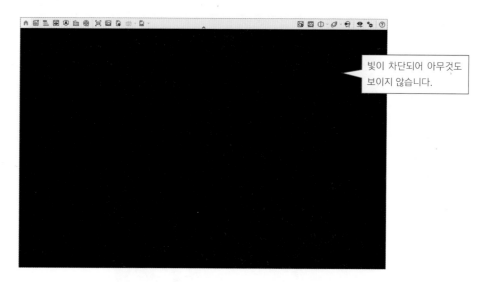

빛이 차단되어 아무것도 보이지 않습니다.

03. 이 미술관에 HDRI의 빛이 영향을 미치는 부분은 천광 부분과 전시관의 큰 창입니다. 특히 큰 창이 차지하는 비중이 매우 커서 밝은 대낮에는 인공조명을 켜지 않아도 되며, 이 창을 통해서 근처의 자연물과 햇볕까지 볼 수 있습니다. 실내의 요소들이 분간되는 정도로 Brightness 값을 올려 보세요.

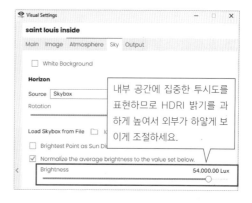

내부 공간에 집중한 투시도를 표현하므로 HDRI 밝기를 과하게 높여서 외부가 하얗게 보이게 조절하세요.

스크린샷을 출력하면 제대로 표현됩니다!

04. [White Background]에 체크 표시해서 외부를 하얗게 보이도록 설정하면 내부 공간의 정보를 더욱 집중적으로 나타낼 수 있습니다.

05. 노출값 조절하기

HDRI Brightness 값을 높였으면 이번에는 Exposure 값을 조절해 노출을 조정해야 합니다. 화면을 식별할 수 있는 범위 안에서 적당히 밝아질 정도로 값을 조절하세요.

06. 태양의 위치 조절하기

창가에 들어올 태양빛을 조절해 봅시다. 빛이 잘 들어오도록 시간대를 낮으로 변경해도 좋습니다. 스케치업 화면의 오른쪽에 있는 Shadows 패널에서 시간대에 따른 그림자의 위치를 확인하거나, 엔스케이프 화면에서 U 또는 I 를 눌러 시간대를 조절하세요.

시간대를 낮으로 설정해 보세요!

07. 태양의 위치를 조절했으면 빛의 세기도 조절해 보세요. HDRI가 밝아진 만큼 태양빛도 비례해서 밝아져야 합니다.

▶ 이때 태양빛이 너무 밝으면 태양빛에 닿는 객체에 지나치게 많은 영향을 주므로 일정하게 조절하세요.

태양빛이 추가되면서 이미지가 전체적으로 따뜻해졌죠? 색 온도 보정이 너무 과하면 장면의 분위기를 해칠 수 있으니 조금씩 조절하세요.

08. 포근한 느낌을 좀 더 잡아 보겠습니다. Visual Settings 창을 다시 열고 [Image] 탭에서 Color Temperature 값을 조절해 색 온도를 낮춰 주세요. 노란색 톤이 추가되면서 장면이 더 따뜻한 색감으로 연출됩니다.

▶ 색 온도를 낮출수록 따뜻한 색감이 더해집니다.

09. 인공조명 밝기 설정하기

인공조명이 필요한 공간이므로 0%로 설정했던 Artificial Light Brightness 값을 100%로 조절합니다.

10. 노출값 다시 조절하기

빛을 조절하는 마지막 단계로, 한 번 더 노출값을 잡아 줍니다.

11. 화면에서 눈을 잠깐 뗐다가 다시 바라보세요. 허전한 부분이 있으면 그 부분을 위주로 수정합니다. 만든 장면을 다시 보니 전체적으로 내부가 어둡고 시선이 바깥쪽으로 쏠린 느낌이 듭니다. 그리고 가운데에 위치한 아버지와 딸이 너무 가까워서 약간 부담스럽네요. 일단 장면에서 가장 가까이에 있는 아버지와 딸을 조금 멀리 배치해 볼게요. 사람을 시선에서 멀리 배치하면 공간감을 더할 수 있습니다.

다시 빛을 조절해 보세요. 이번에는 HDRI Brightness 값을 80,000Lux로 높여 내부 공간에 천광이 더 잘 들어올 수 있도록 조절하고 나머지 값도 비례해서 조절합니다. Visual Settings 창의 [Image] 탭에서 좀 더 미세하게 값을 조절하면 이미지의 완성도를 한층 더 높일 수 있습니다. 태양빛이 내려오는 일광을 표현하기 위해 [Atmosphere] 탭에서 Fog의 Intensity 값과 Height 값을 높이는 방법을 추천합니다.

여러분의 방식대로 작업해 본 후 다음의 값과 비교해 보며 표현 방법을 익혀 보세요.

꼭 똑같이 맞출 필요는 없어요!

05-6 바닥 메지 표현하기

• 준비 파일 이어서 실습   • 완성 파일 없음

빛 조절을 마쳤으면 렌더링 과정의 70% 이상을 진행했다고 할 수 있어요. 이번에는 재질값을 조절
해 바닥 메지를 세밀하고 사실적으로 표현해 보겠습니다.

재질 반사값 설정하기

재질을 디테일하게 표현하기 전에 Enscape Material Editor 창에서 **Roughness,
Metallic, Specular** 값을 모두 50%로 설정합니다. 그러면 모든 재질이 가장 평균
적인 값을 갖게 됩니다. 유리가 아니라면 Height Map도 [Albedo]를 활성화한 후
Amount 값을 중간값으로 설정해 보세요. 이 상태에서 렌더링 화면을 보면 '어! 꽤 괜
찮은데?'라는 생각이 들 거예요. 최종 납품용으로는 조금 아쉽지만, 미팅용이나 중간
납품용으로 쓰기에는 충분하므로 렌더링할 시간이 부족하다면 적극 활용해 보세요.

바닥의 홈 표현하기

예제의 바닥처럼 자재가 이어진 부분에는 홈이나 메지(줄눈) 표현이 많습니다. 바닥의 홈은 두 가지 방법으로 표현할 수 있어요. 첫 번째 방법은 자재를 직접 모델링해만들고 조금씩 띄어 배치하는 것입니다. 실제로 시공하듯이 자재를 하나씩 까는 방법으로, 정성 들여 모델링한 만큼 완성도가 아주 높습니다. 그러나 그만큼 시간과 노력이 많이 들기 때문에 모든 공정에서 이렇게 작업하기는 어려워요.

여기서는 두 번째 방법인 Height Map을 이용해 홈을 표현해 볼 거예요. 이 방법을 이용하면 모든 바닥 재질을 하나하나 모델링할 필요가 없어서 시간을 크게 단축할 수 있습니다.

01. ❶ B 와 Alt 를 눌러 스포이트 상태로 만듭니다. **❷** 바닥 재질을 클릭한 후 **❸** Enscape Material Editor 창을 엽니다.

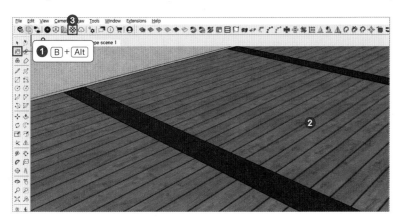

02. Height Map의 Texture에 재질을 넣어도 되지만, 이번에는 Albedo 기능을 이용해 높낮이를 간단하게 표현합니다.

03. 홈의 방향을 확인하기 위해 Image Fade 값을 0%로 낮춰 설정합니다.

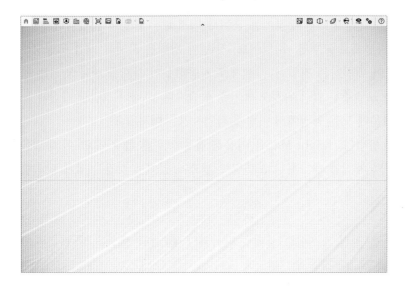

04. [Bump map]과 [Displacement map]은 값을 음양으로 조절할 수 있고 Z축에 대한 방향성을 가집니다. 나무 바닥판 사이의 홈이 들어가게 표현해 보겠습니다. 일단 바닥재를 더 자세하게 볼 수 있게 화면을 확대합니다.

❶ Height Map의 Amount 값을 조절합니다. 이런 나무 재질은 Amount 값을 음수로 설정해야 홈이 들어갑니다. ❷ 그런 다음 Image Fade 값을 100%로 복구하세요.

홈의 방향을 정확하게 설정하세요!

Amount 값을 양수로 설정하면 홈이 튀어나오게 표현되고 음수로 설정하면 홈이 들어갑니다. Amount 값을 음수로 표현했는데 양수로 표현했을 때와 비슷해 보이나요? 하지만 실제 모델링에서는 차이가 크게 느껴지니 홈의 방향을 정확히 설정하는 것이 중요합니다.

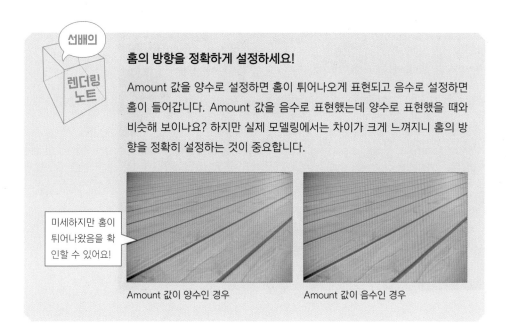

미세하지만 홈이 튀어나왔음을 확인할 수 있어요!

Amount 값이 양수인 경우

Amount 값이 음수인 경우

직접 해보세요! **바닥 재질 디테일하게 조절하기**

이제부터는 재질에 디테일한 표현을 잡아 줘야 합니다. 이미 재질의 평균값을 설정했으므로 재질을 절반 정도 설정했다고 볼 수 있어요. 이번에는 공간을 구성하는 가장 큰 요소인 천장, 벽, 바닥의 재질을 하나씩 조절해 봅시다.

01. 바닥은 어느 정도 광택이 있어야 하므로 Roughness 값을 30% 정도로 낮춥니다.

02. 벽 재질은 광택이 거의 없는 편이
지만, 반사가 살짝 일어나는 재질이므
로 Roughness 값을 40% 정도로 조절
합니다.

> 벽은 스타코 재질로,
> 난반사 표현을 해주
> 는 것이 좋아요!

03. 천장은 콘크리트 골조이므로 약간의 광택만 느껴질 만큼 값을 조절합니다. Roughness 값은 80%, Metallic 값은 28%, Specular 값은 28% 정도로 설정하세요.

난반사 매핑으로 좀 더 디테일하게 표현하기

벽 재질을 더욱 디테일하게 표현하려면 난반사를 일으키는 매핑을 넣어야 합니다. 이때 매핑의 검색 키워드는 Noise Map입니다. Enscape Material Editor 창에서 Noise Map을 스케일에 맞게 조절하면 음영에 따라 반사가 다르게 적용되면서 재질에 불규칙적인 반사가 표현됩니다.

▶ 준비 파일에서 noise map.png 파일을 확인하세요.

05-7 렌더링을 내보내는 특별한 방법

• 준비 파일 이어서 실습   • 완성 파일 세인트루이스 미술관_완성.skp

학교에서의 크리틱이나 팀 내부의 프레젠테이션, 클라이언트와의 미팅 등에서 렌더링 이미지를 공유할 때 개인 노트북에 스케치업과 엔스케이프를 실행해서 실시간으로 보여줄 수 있습니다. 이때 유용하게 사용할 수 있는 Standalone과 Panorama 보기 방식을 알아보겠습니다.

방법 1. Standalone

Standalone은 원하는 장면을 단독으로 내보내는 방법입니다. Standalone에는 EXE 파일로 실행해 엔스케이프 렌더링 환경을 구동할 수 있는 **Exe Standalone**과 인터넷 환경에서 열 수 있는 웹 형식의 **Web Standalone**, 이렇게 두 가지가 있어요.

[Exe Standalone]을 선택하고 파일 경로를 지정하면 일정 시간 동안 추출이 시작됩니다. 만들어진 EXE 파일을 실행하면 렌더링 화면에서 보던 것과 똑같은 화면이 실행 파일로 열립니다.

장면을 내보내기 전에 View Management에서 Favorites로 지정한 장면은 화면의
오른쪽에 있는 [VIEWS]에서 손쉽게 확인할 수 있 ▶ 엔스케이프 4.0부터는 메타 퀘스트 3와
습니다. 또한 필요에 따라 VR 기기를 연결해 사용 HTC의 바이브 프로 2도 연결할 수 있습니다.
할 수도 있어요.

반면 Web Standalone은 렌더링으로 계산되는 빛의 종류가 많을수록 완성본의 질이
떨어지므로 Exe Standalone보다 퀄리티가 낮습니다. 단, 공간 구성을 간단히 보여
주거나 빛이 별로 없는 공간에 활용하기 좋아요.

방법 2. Panorama

Panorama는 현재 위치에서 360° 렌더링을 해서 내보내는 기능입니다. Visual Settings 창의 [Main] 탭에서 Camera의 Projection을 [Perspective]로 변경한 다음 [Mono Panorama]를 선택하면 화면이 즉시 360° 빙글빙글 돌면서 렌더링이 시작됩니다.

내보내기를 완료했는데 아무것도 나타나지 않나요? 스케치업 화면 상단에 있는 ☁ 아이콘을 클릭하면 해당 계정으로 내보낸 파노라마 장면을 확인할 수 있어요.
파노라마 장면을 클라우드에 업로드하거나, QR코드 및 링크로 내보낼 수도 있습니다.

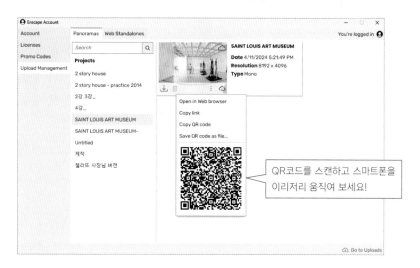

링크를 열어 보면 고퀄리티의 360° 파노라마 장면을 확인할 수 있습니다. 공간 전면을 보여줄 수 있기 때문에 상당히 유용하면서도 상대방의 흥미를 사로잡을 수 있어요.

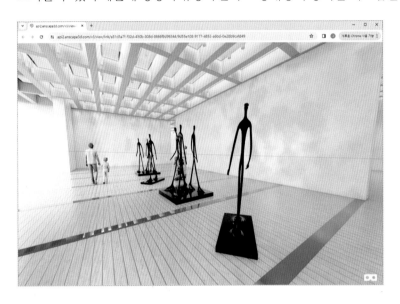

다음은 엔스케이프 공식 홈페이지에서 제공하는 파노라마 출력 옵션별 해상도입니다.

해상도	모노(Mono)	스테레오(Streo)
저화질	2,048×4,096	4,096×4,096
보통 화질	4,096×8,192	8,192×8,192
고화질	8,192×16,384	16,384×16,384

해상도값만 봐도 화질은 스테레오가 모노보다 4배 정도 좋다는 것을 알 수 있어요. 단, 스테레오의 렌더링 시간이 그만큼 더 많이 걸립니다. 모노 타입도 해상도가 충분히 괜찮게 나오므로 간단한 장면으로 비교해 본 후 적절하게 선택하면 시간을 아낄 수 있어요.

파노라마 장면의 해상도는 Visual Settings 창의 [Output] 탭에 있는 Panorama에서 변경할 수 있습니다.

미술관의 밤 장면 렌더링하기

렌더링
과제

세인트루이스 미술관의 밤 장면을 직접 제작해 봅시다. 밤 장면에는 태양빛이 필요하지 않으니 낮 장면에 비해 통제해야 할 빛이 하나 적어 좀 더 수월하게 설정값을 잡을 수 있습니다.

직전까지 작업했던 낮 설정값을 복제하고 이름을 '밤'으로 바꾼 후 태양빛을 통제해 밤 장면을 만들어 보세요. HDRI Brightness 값과 Sun Brightness 값을 조절하고 시간도 바꿔 보는 등 배운 방식을 총동원한다면 혼자서도 완성도 있는 결과물을 충분히 만들 수 있을 거예요.

힌트

☑ 밤 장면을 표현해야 하니 낮 장면과는 달리 태양빛을 제거해야 합니다. Sun Brightness 값을 최대한 낮춰 보세요.

☑ 밤 HDRI를 따로 적용해도 되지만 HDRI 밝기만 조절해도 충분히 밤을 연출할 수 있습니다.

☑ 시간대를 밤으로 바꾸면 천장에서 들어오는 빛은 사라지지만 인공조명인 Spot 조명은 그대로 남아 있습니다. 노출값을 조절해서 미술관 내부의 밝기를 적절히 조절해 보세요.

프로젝트 3: 레지던스 엘가

이번 장에서는 삼현도시건축에서 설계한 부산광역시 북구 화명동의 랜드마크, '엘가'의 외부 투시도를 찍어 볼 것입니다. 엘가는 유니크한 모듈 형태의 매스들이 규칙적인 패턴을 이루고 있는 주거 건물입니다. 건물이 바라보는 쪽에는 화명동 생태공원이 있고 낙동강이 흐르는 넓은 평지도 펼쳐져 있어요. 그리고 강을 가로지르는 대로가 건물 옆으로 지나가서 부산으로 유입되는 방문자들에게 화명동만의 특색 있는 이정표 역할을 합니다. 내부 투시도와 어떤 차이가 있는지 직접 느껴 보세요.

06-1 투시도의 목표 잡기

• 준비 파일 **없음**   • 완성 파일 **없음**

이번에는 외부 투시도 예제를 다뤄 볼 거예요. 스케일은 외부 투시도가 훨씬 크지만 내부 투시도에서 세심하게 제어해야 하는 빛의 종류가 많은 점을 고려하면 렌더링 기술은 내부 투시도가 외부 투시도보다 더 복잡합니다. 내부 투시도와 외부 투시도가 추구하는 포인트가 조금 다르다고 이해하면 됩니다.

렌더링 포인트 잡기

이렇게 유니크한 건물을 잘 표현하려면 포인트를 어떻게 잡아야 할까요? 건물마다 차이는 있지만, 이런 건물을 가장 잘 표현할 수 있는 시간대는 오전 6~8시나 오후 3~4시경입니다. 두 시간대 모두 태양빛이 황금빛을 살짝 띠면서도 태양빛의 기울기가 적절해서 그림자가 잘 나오기 때문이에요. 건축 사진가들의 작품이나 세계적으로 유명한 건축 렌더 회사의 작업물을 살펴봐도 이 시간대를 선택하는 경우가 많습니다. 우리도 이들을 벤치마킹해 장면을 제작해 봅시다.

▶ 좋아하는 렌더링 스타일을 찾기 위해 필요한 질문은 '어떻게 표현해야 할까?'입니다. 주변을 유심히 둘러보세요. 무심코 지나갔던 풍경과 풍경 작품들이 하나둘씩 눈에 들어오기 시작한다면 비로소 스타일을 찾는 과정이 시작된 것입니다.

06-2 카메라의 구도 잡기

· 준비 파일 레지던스 엘가.skp   · 완성 파일 없음

외부 투시도를 제작할 때 가장 중요한 것은 카메라 프레임 속 정보입니다. 이때 건물에 대한 정보를
하나라도 더 담고 싶은 마음이 앞설 수 있는데, 너무 많은 정보가 한 프레임 안에 들어오면 오히려 핵
심을 놓칠 수 있어요. 이 점을 잘 생각하면서 장면을 잡아 봅시다. 자료실에서 내려받은 '레지던스 엘
가.skp' 파일을 열어 실습을 진행하세요.

프레임 비율 설정하기

20층이 넘는 엘가 건물은 세로로 긴 직육면체 박스 형태여서 자칫하면 너무 길쭉하
거나 너무 뭉텅하게 나와 화면에 예쁘게 담기지 않을 수 있어요. 이런 직육면체 피사
체는 세로로 긴 프레임인 3:4나 9:16 비율로 잡는 것을 추천합니다. 그리고 외부 투
시도 장면은 스케치업이 아닌 엔스케이프에서 먼저 잡는 것이 좋은데요. 스케치업
으로 실컷 장면을 잡아도 엔스케이프에서 똑같이 연동되지 않는 경우도 있기 때문
입니다.

Visual Settings 창의 [Output] 탭에서 화면의 크기를 3:4 또는 9:16 비율로 조절
하고 ▣ 아이콘을 클릭해 [Safe Frame]을 켠 후 이리저리 장면을 잡아 보세요.

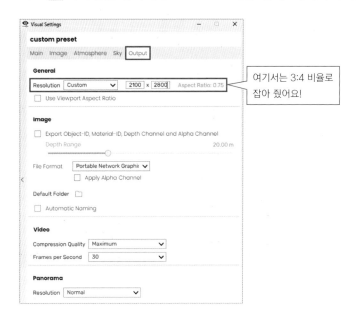

여기서는 3:4 비율로
잡아 줬어요!

06-3 주변 건물과 사람 배치하기

• 준비 파일 이어서 실습　• 완성 파일 없음

도심에 위치한 엘가의 외부 투시도를 제작하려면 주변 건물과 도로 등 도시 인프라를 필수로 배치해야 합니다. 시간이 많이 걸리지만 작은 디테일이 모여야 몰입감이 넘치는 이미지로 이어진다는 것을 꼭 기억하세요.

주변 건물 배치하기

메인 건물 가까이에 위치한 건물은 시간이 걸려도 직접 모델링하는 것이 좋습니다. 그렇다면 모델링하는 범위는 어느 정도일까요? 정답은 최종적으로 이 건물을 찍을 위치와 프레임에 있습니다. 프레임에 많이 걸리는 건물은 메인 건물만큼이나 사람들의 시선이 머무르므로 최대한 디테일하게 작업해야 합니다. 반면 뒤편에 살짝 걸리거나 빈 곳을 채우기 위한 건물들은 애셋으로 채워도 충분합니다.

엘가의 외부 투시도는 다음과 같은 구도로 잡아 볼 수 있습니다. 그리고 잡은 구도에서 프레임에 걸리는 건물은 2~4개 정도로 예상할 수 있겠네요. 뒤편에 보이는 도로도 중요한 요소이니 모델링으로 채워 주는 것이 좋습니다.

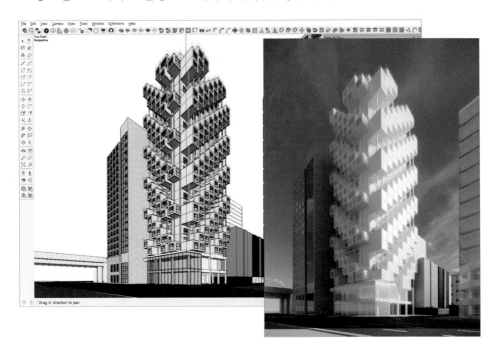

스케치업에서 Enscape Asset Library 창을 열고 [Street Props] 카테고리에서 건물 애셋을 찾아 추가해 보세요.

우리나라에서 자주 볼 수 있는 양식이 아니어서 잘 보이는 곳에 사용하기는 어렵지만 공간을 채우는 용도로는 유용합니다. 허전해 보이는 곳에 건물 애셋을 채워 줍니다.

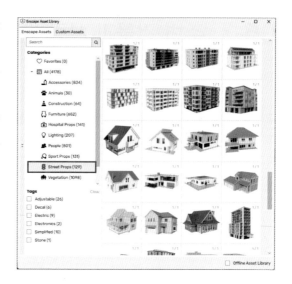

가로수, 자동차, 사람 배치하기

네이버 로드 뷰(부산광역시 북구 화명동 2274-4)를 보면서 엘가 건물의 주변 환경을 확인해 볼게요. 가로수와 가로등, 횡단보도, 차선의 위치 등을 확인하고 프레임에 걸리는 영역은 디테일하게 애셋을 배치합니다.

애셋 라이브러리의 [Street Props] 카테고리에서 가로등, 횡단보도, 신호등 등 객체들을 찾아 적절하게 배치해 보세요. 가로수는 [Tree] 카테고리에서 최대한 비슷한 형태의 애셋을 찾아 배치합니다. 자동차와 사람도 마찬가지로 적절하게 배치하세요.

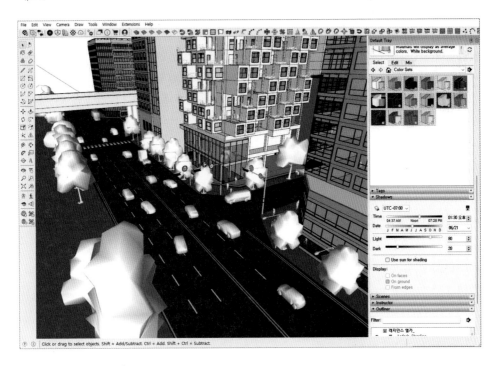

디테일 요소를 넣어 몰입감을 높이세요!

테라스 모델링, 인도의 연석, 맨홀, 사람들의 배치, 차선의 디테일, 식생의 종류와 크기 등 디테일한 요소까지 작업한다면 결과물이 훨씬 좋아지겠죠? 번거로운 작업이니 렌더링 과정을 모두 진행한 후 개인적인 성취 달성 목적으로 작업해도 괜찮습니다. 하지만 작은 디테일이 모여 몰입감 있는 이미지를 여러 번 만들다 보면 그때부터는 디테일을 넣는 과정을 당연하게 여기게 될 거예요.

06-4 조명 손쉽게 관리하기

• 준비 파일 이어서 실습   • 완성 파일 없음

조명의 개수가 적거나 공간이 단순해서 조명을 모델링 화면에서 쉽게 찾을 수 있으면 조명을 하나하나 관리하는 것이 크게 번거롭지 않습니다. 하지만 외부 장면을 잡을 때는 실내에 배치해 둔 조명을 일일이 찾다가 컴퓨터에 무리를 가할 수도 있습니다. 이때 스케치업의 Outliner 기능을 사용하면 모델링 화면에서 해당 조명을 바로 찾아내는 등 객체를 쉽게 관리할 수 있습니다.

숨은 객체를 1초 만에 찾는 방법

Outliner 기능을 이용하면 스케치업 모델링에 등록된 모든 객체를 데이터로 표시할 수 있습니다. 똑같이 생긴 객체도 데이터값은 서로 다르거든요. Enscape Objects 창에서 꺼내 오는 인공조명의 데이터도 이곳에 모두 나타납니다.

데이터의 이름을 구별하기 쉽게 바꾸면 검색으로 객체를 간단히 찾을 수 있습니다. 객체를 선택하고 Entity Info 패널에서 이름을 알아보기 쉽게 수정하세요. 여기서는 이 조명의 이름을 spotlight-inside01로 수정합니다.

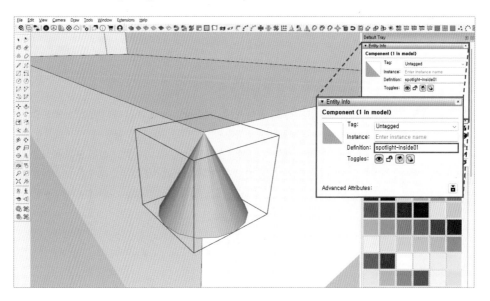

이제 Outliner 패널에서 spotlight-inside01을 검색하면 방금 전에 이름을 수정했던 조명 객체가 활성화됩니다. 이런 방법으로 편리하게 객체를 찾고 값을 조절할 수 있어요.

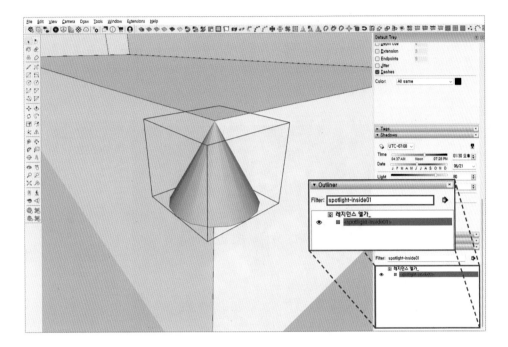

만약 Outliner 패널이 Default Tray에서 보이지 않는다면 스케치업 메뉴에서 [Window → Default Tray → Outliner]에 체크해 주세요.

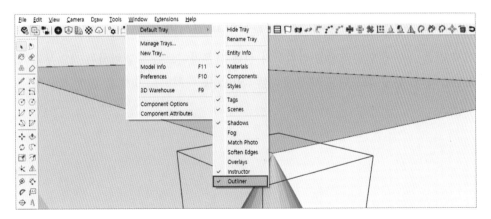

선배의 렌더링 노트

유닛을 컴포넌트로 만들어 복사하세요!

프로젝트의 규모가 크면 일일이 모델링 안에 들어가서 작업하는 것보다 컴포넌트 기능을 활용하는 것을 추천합니다. 엘가는 여러 개의 유닛이 반복적으로 나타나는데, 해당 유닛들은 모델링에서 이미 컴포넌트가 적용돼 있어요. 컴포넌트를 모델링의 바깥쪽에 종류별로 하나씩 복사해 둔 후 바깥쪽에 따로 만들어 준 컴포넌트의 값을 수정하면 반복되는 객체 설정값을 좀 더 편하게 바꿀 수 있어요.

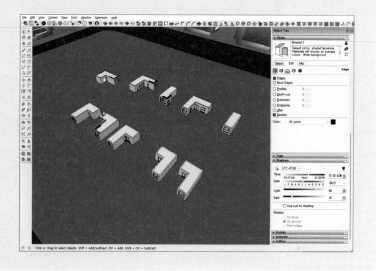

직접 해보세요! 〉 **다운라이트 모델링하고 설치하기**

이제 건물 내부에 인공조명을 설치하기 위해 다운라이트를 모델링하는 작업부터 해보겠습니다. 유닛 컴포넌트 내부에 다운라이트를 배치하는 방법을 함께 적용해 봅시다.

01. 도넛 모양의 원기둥 모델링하기

❶ 반지름 50mm, 높이 20mm의 원기둥을 만들고 ❷ 오프셋 도구 🖼로 20mm 작은 동심원을 만듭니다. 그런 다음 밀기/끌기 도구 🖼로 작은 원의 면을 잡아 5mm 내려 줍니다.

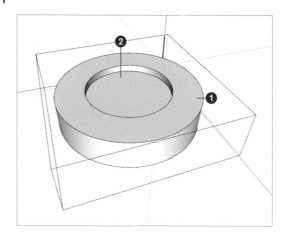

02. 발광 처리하기

Enscape Material Editor 창을 열고 ❶ 안쪽 발광면의 Type을 [Self-illuminated]로 설정해 자체 발광 처리한 후 ❷ 노란색을 매핑합니다.

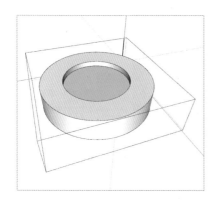

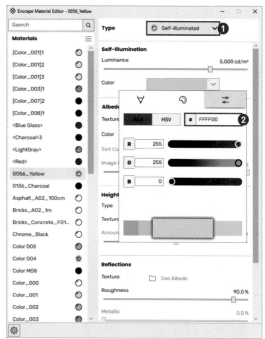

03. Spot 조명을 다운라이트의 한 가운데에 붙여 넣은 후 그룹으로 묶고 통째로 컴포넌트화합니다.

04. 다운라이트 복사하기

컴포넌트화된 다운라이트를 복사해 천장에 적절하게 배치합니다.

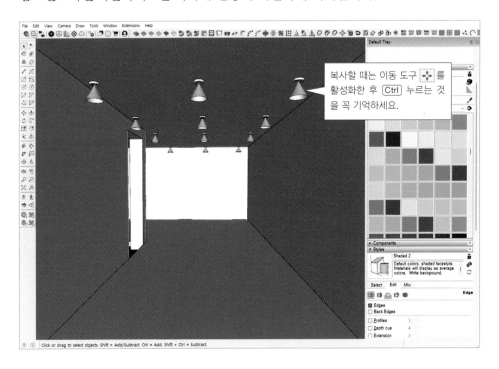

복사할 때는 이동 도구 ✛를 활성화한 후 [Ctrl] 누르는 것을 꼭 기억하세요.

06-5 건물이 돋보이는 빛 조절 방법

• 준비 파일 이어서 실습　　• 완성 파일 없음

우리가 찍을 엘가의 모습은 우아함과 따스함이 함께 묻어나는 이미지입니다. 동이 틀 무렵이나 노을이 지기 직전 시간대로 설정해 건물 외벽이나 유리 표면에 하늘이 반사되면서 은은한 금빛을 따스하게 뿜어내도록 표현해 볼게요. 빛을 단계별로 조절하면서 렌더링 장면을 만들어 보겠습니다.

> **직접 해보세요!** ▷ **외부 투시도 빛 조절하기**

외부 투시도도 내부 투시도와 마찬가지로 단계별로 빛을 조절합니다. 차근차근 따라 하며 외부 투시도를 작성해 보세요.

01. 태양빛과 인공조명 밝기 임시 제거하기

Visual Settings 창의 [Main] 탭에서 [Auto Exposure]을 체크 해제합니다. 이어서 [Atmosphere] 탭에서 Sun Brightness 값과 Artificial Light Brightness 값을 0% 로 설정합니다.

태양빛을 제거해야 가장 넓은 영역에 영향을 주는 HDRI의 빛을 조절할 수 있어요.

외부 투시도에서 실내 인공조명 값을 없애는 이유가 무엇인가요?

해가 떠 있는 시간대의 외부 투시도에서 실내 인공조명의 역할은 매우 제한적입니다. 자세히 들여다봐야 내부에 불이 켜져 있는지 알 수 있을 정도로 아주 미세한 디테일이죠. 인공조명이 미치는 영향이 아주 미약해서 값을 0%로 조절하는 것도 괜찮을 뿐 꼭 없애야 하는 것은 아닙니다. 얼핏 보면 빛이 보이는 정도로 값을 세팅해도 좋아요!

02. HDRI 밝기 조절하기

❶ 이번에는 [Sky] 탭에서 ❷ Source로 [Skybox]를 선택하고 ❸ wasteland_clouds_1k.hdr 파일을 넣어 HDRI를 적용합니다. ❹ 그다음 Brightness 값을 올려 주변을 밝혀주세요. 여기서는 2,500Lux로 조절했습니다.

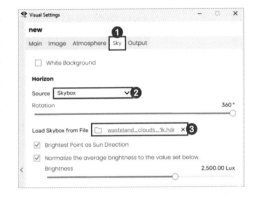

03. 노출값 조절하기

[Main] 탭에서 Exposure 값을 조절해 노출을 조절하면 밝기의 균형을 맞출 수 있습니다. 지금 단계에서는 HDRI의 빛만 들어온 상태이고 이후 태양빛이 추가로 들어와야 하므로 지나치게 밝아지지 않게 조심해야 합니다. 너무 밝은 상태에서는 값을 조절하기 어렵기 때문이에요.

04. 시간대와 태양빛 조절하기

[Atmosphere] 탭에서 Sun Brightness 값을 최대로 높인 후 원하는 빛 세기가 될 때까지 값을 천천히 낮춰 보세요. 렌더링에서의 수치는 상대적이어서 정답은 없습니다. 장면을 보면서 원하는 만큼 태양빛이 들어오도록 값을 조절해 보세요. 여기서는 30%로 조절했습니다.

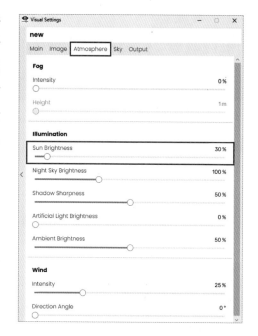

05. 태양빛을 조절했으면 태양의 위치를 옮겨 봅시다. [Sky] 탭에서 [Brightest Point as Sun Direction]에 체크 표시하면 Rotation 값을 조절해 태양의 위치를 조절할 수 있습니다. 한편 해당 기능의 체크 표시를 해제하면 키보드의 ⓤ 또는 Ⓘ를 눌러 시간대를 변경할 수 있습니다.

오전 7~8시 시간대와 오후 3~4시 시간대를 확인해 보면 태양빛이 유리에 반사되는 위치가 다른 것을 알 수 있어요. 아침 시간대의 태양빛 반사가 건물의 특징을 더 잘 나타낼 수 있으므로 아침 시간대로 설정해 보세요. 엔스케이프에서 확인한 시간대로 스케치업 시간대를 변경한 후 업데이트합니다.

06. 노출값 다시 조절하기

마지막으로 [Main] 탭을 다시 선택하고 Exposure 값을 세밀하게 조절해 보세요.
모든 값을 설정했다면 [Image] 탭의 다양한 설정값을 조절해서 렌더링을 보정합니
다. 미흡한 부분을 만족할 때까지 반복해서 빛을 조절해 보세요.

06-6 건물 파사드 재질 표현하기

•준비 파일 이어서 실습　•완성 파일 없음

모든 재질을 중간값으로 설정한 후 렌더링을 돌리면 화면에 보이는 모든 객체가 평균 재질로 표현됩니다. 이 상태에서 재질의 디테일을 정돈해 주면 되는데요. 건물을 감싸고 있는 유리와 외장재를 실제처럼 표현하기 위해 재질값을 세밀하게 조절해 보겠습니다.

유리창 표현하기

유리창을 떠올리면 일반적으로 맑고 투명한 유리를 상상합니다. 그렇다면 건물 파사드(facade)에 보이는 유리창도 맑고 투명하게 표현해야 할까요? 자리에서 일어나 창 밖으로 보이는 건물들을 한번 바라보세요. 대부분 파란빛이나 초록빛을 은은하게 띠고 있을 거예요. 실제로 유리에 색감이 약간 들어갔을 수도 있고 시트지가 부착된 것일 수도 있죠.

상업용 건물이든, 주거용 건물이든, 목적에 따라 특정 파장의 빛을 굴절시킬 용도로 유리에 색감을 넣는데, 렌더링에서 이런 사소한 포인트가 엄청난 디테일 요소로 작용합니다. 각 건물이 띠고 있는 색상을 렌더링에서 구현한다면 이미지가 굉장히 다채로워지겠죠? Enscape Material Editor 창을 열고 Transparency의 Type으로 [Transmittance]를 선택한 후 Tint Color 값을 지정합니다.

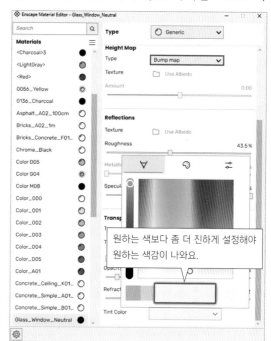

원하는 색보다 좀 더 진하게 설정해야 원하는 색감이 나와요.

외벽 표현하기

엘가의 외벽을 스포이트로 찍은 후 Roughness 값을 조절하면 재질의 광택을 표현할 수 있어요. Roughness 값이 0%에 가까우면 광택이 나고 100%에 가까우면 무광으로 표현됩니다. 엘가의 외장재는 무광에 가까우니 50~100% 사이로 설정하는 것이 좋습니다.

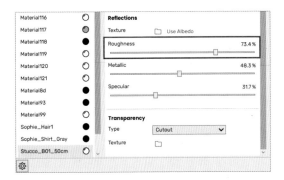

▶ 유광인 0%에서 시작해 무광인 100%에 가까워지게 조금씩 조절하세요. 처음에 아주 극단적인 값으로 설정한 후 반대 방향으로 천천히 조절하다 보면 원하는 값을 쉽게 얻을 수 있어요.
무광인 것 같아도 완전히 광택이 나지 않는 재질은 없습니다. 찍을 장면에서 바라봤을 때 적당한 광택이 날 정도로 값을 조절하세요.

외부 투시도에서 재질의 디테일까지는 표현하기 어려우니 Height Map의 [Use Albedo]를 클릭해 Bump map 값을 간단하게 넣어 줍니다. 작은 디테일이 큰 차이를 만든다는 것을 꼭 기억하세요!

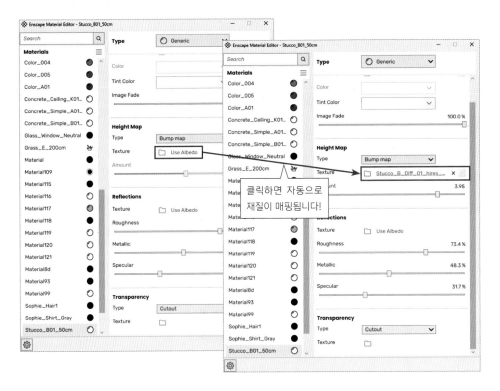

수차례의 반복을 통해 엘가의 재질과 빛을 모두 완벽하게 설정했다면 외부 투시도 작업은 거의 끝났습니다. 이제 이 건물을 하나의 장면에 저장해야 하는데요. 세로로 긴 엘가의 특성을 잘 살릴 수 있는 화각과 프레임을 적용해서 투시도 작업을 마무리해 보겠습니다.

06-7 장면 저장하기

• 준비 파일 이어서 실습　• 완성 파일 레지던스 엘가_완성.skp

엔스케이프는 한 순간의 장면이 아니라 공간을 작업하는 것에 가깝습니다. 주변 환경까지 적절하게 설정했으면 다양한 장면을 자유롭게 잡아낼 수 있습니다. 마지막으로 프레임 비율과 화각을 설정해 장면을 저장해 보세요.

프레임, 화각 설정하기

06-2절에서 엘가처럼 길쭉한 형태의 건물은 세로로 긴 프레임에 담아야 건물의 특성을 더욱 잘 담아낼 수 있다고 했던 것 기억하나요? Visual Settings 창을 열고 [Output] 탭에서 프레임 비율이 3:4로 설정되어 있는지 확인한 후 장면의 구도를 살짝 수정해 보겠습니다.

Visual Settings 창을 다시 실행하고 [Main] 탭에서 Field of View 값을 50°로 설정합니다. Projection으로 [Two-Point]를 선택해 화면 모드를 2점 투시로 설정하고 방향키와 마우스를 이용해 조금씩 조절하면서 건물을 담습니다. 원하는 장면을 발견하면 View Management를 이용해 장면을 저장하세요.

04-3절을 참고해 카메라의 구도를 잡아 보세요!

렌더링 과제 | # 하늘 분위기 다양하게 연출하기

이제 외부 투시도를 만드는 방법이 어느 정도 감이 잡히나요? 그렇다면 이번에는 다양한 HDRI를 이용해서 장면을 잡아 봅시다.

HDRI를 임의로 3개 이상 고른 후 이 HDRI를 넣어 외부 투시도를 만들어 보세요. HDRI 하나 달라졌다고 설정값이 완전히 달라지는 게 너무 신기하지 않나요? HDRI Brightness, Sun Brightness, Exposure 등 거의 모든 값이 조절되니 훨씬 더 도전해 볼 법하죠? 자유롭게 장면을 만들어 보세요.

힌트

- HDRI를 Poly Haven에서 내려받으세요. 왼쪽부터 Belfast Sunset, Evening Road_01, Umhlanga Sunrise입니다. 꼭 이렇게 세 가지가 아니어도 되니 자유롭게 골라 보세요.
- HDRI 설정에 맞게 노출값을 적절하게 조절해 보세요.

건축에 필요한
그래픽 작업

엔스케이프 렌더링 이미지는 투시도를 만드는 데만 사용할 수 있을까요? 절대 아닙니다. 이미지를 사용하는 모든 작업에서 유용하게 쓸 수 있어요. 이번 장에서는 엔스케이프를 사용해 아이소메트릭, 매스 다이어그램, 단면 투시도를 제작해 보겠습니다.

이번 장은 순서대로 보지 않아도 됩니다. 단, 마지막까지 잘 따라와 주세요!

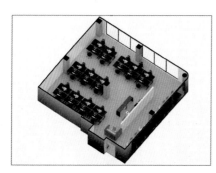

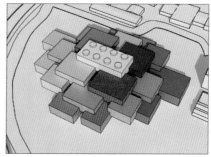

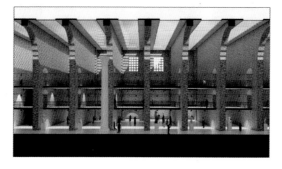

07-1 아이소메트릭: 공유 오피스

렌더링 과제 여러 각도에서 아이소메트릭 작업하기

07-2 매스 다이어그램: 레고 하우스

렌더링 과제 모델링 느낌을 살리는 애셋 설치하기

07-3 단면 투시도: 로마 국립 현대 미술관

렌더링 과제 미술관 통로가 한눈에 보이는 단면 자르기

07-1 아이소메트릭: 공유 오피스

• 준비 파일 오피스.skp · 완성 파일 오피스_완성.skp

아이소메트릭은 건물의 천장이 없다고 가정한 후 내부의 모든 정보를 한눈에 보여 주는 콘셉트 이미지입니다. 공간의 구성과 동선, 가구 배치 등의 정보를 확인할 수 있어요. 아이소메트릭은 '빛을 통제하는 작업의 숙련도'에 따라 퀄리티가 결정되기 때문에 그 방법을 확실히 익히는 것이 중요합니다. 이번에 아이소메트릭을 작업할 장소는 가상의 공유 오피스입니다. 자료실에서 내려받은 '오피스.skp' 파일을 활용해서 실습을 진행하세요.

구성이 한눈에 보이는 장면 잡기

아이소메트릭(isometric)을 효과적으로 표현하려면 '공간의 목적'에 초점을 맞춰야 합니다. 아이소메트릭의 기능은 공간의 구성과 배치를 한눈에 볼 수 있게 도와주는 것인데, 각도에 따라 공간이 가려진다면 제 역할을 못하게 되겠죠? 따라서 각도를 틀었을 때도 공간이 최대한 보일 수 있는 평행 투시(parallel view)로 장면을 잡는 것을 권장합니다.

메뉴에서 [Camera→Parallel Projection]을 선택하면 평행 투시를 설정할 수 있습니다. 평행 투시로 설정한 후 공간이 최대한 골고루 보일 수 있게 이리저리 각도를 잡아 보세요. 처음부터 가장 좋은 장면을 잡으려고 하는 것보다 여러 개를 잡아 두고 그중에서 고르는 것이 훨씬 좋습니다.

저는 이 기능을 단축키 F2 로 설정해 사용하고 있습니다.

아이콘을 클릭해 카메라 동기화를 활성화한 후 엔스케이프를 실행해 보세요. Visual Settings 창을 열면 Camera Projection이 [Orthographic]으로 바뀐 것을 확인할 수 있습니다. Orthographic은 아이소메트릭뿐만 아니라 입면과 평면까지도 찍을 수 있게 보여 주는 시점입니다. 아이소메트릭이 화면에 제대로 나온다면 다음 단계로 넘어가면 됩니다.

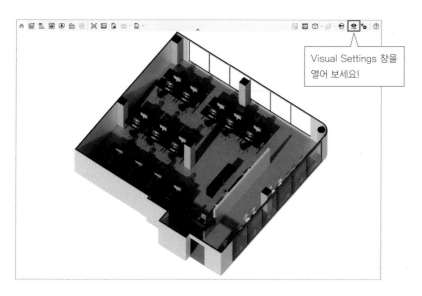

Visual Settings 창을
열어 보세요!

빛 설정하기

아이소메트릭 작업 역시 빛을 적절하게 통제하는 것이 매우 중요합니다. 여러 가지 방법을 써보면서 터득한 노하우를 설명할 테니 이것을 참고해 취향에 맞게 마음껏 빛을 조절해 보세요.

빛을 설정할 때 가장 중요한 건 올바른 순서에 맞게 빛을 통제해 나가는 것입니다. 렌더링에서 빛을 통제하지 못하는 것은 마치 재료를 손이 가는 대로 넣어 요리하는 것과 같습니다. 감각이 굉장히 뛰어난 사람이라면 한 번 만든 요리를 다음에도 똑같이 만들 수 있겠지만 대부분은 매번 새로울 거예요. 따라서 이 책에서 소개하는 대로 단계별로 따라 하는 것이 좋습니다.

이때 Visual Settings 창의 [Main] 탭에서 [Auto Exposure]의 체크 표시를 꼭 해제해 주세요. 자동 보정은 유용할 때가 많지만 값을 잡을 때는 방해가 될 수 있거든요!

자연광 잡기

제일 먼저 자연광을 잡겠습니다. 엔스케이프는 프로그램을 실행하면 자동으로 자체 HDRI가 나오도록 설정되어 있습니다. 그래서 Visual Settings 창의 [Atmosphere] 탭에서 Sun Brightness 값을 0%로 조절하더라도 자체 HDRI에 들어 있는 빛이 여전히 렌더링에 영향을 줍니다. 즉, 그림자에 영향을 미치는 통제할 수 없는 값의 범주에 들어가게 되죠.

통제할 수 없는 값을 최대한 줄이려면 HDRI를 사용해 태양을 없애 줘야 합니다. [Sky] 탭에서 Horizon Source를 [Skybox]로 선택하고 임의의 HDRI를 넣어 주세요. 앞쪽에서 사용했던 HDRI를 써도 무관합니다.

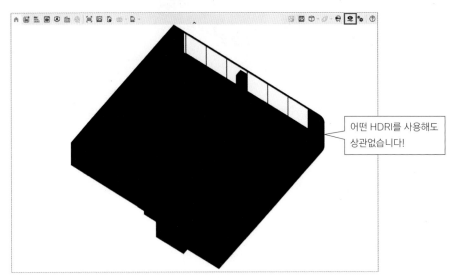

어떤 HDRI를 사용해도 상관없습니다!

▶ HDRI를 적용한 후 Brightness 값을 최대한 낮추고 Sun Brightness 값도 0%로 설정하면 렌더링 공간에서 자연광은 거의 다 사라지고 스케치업의 시간도 오후 11시로 업데이트됩니다.

Rect 조명 설치하기

아이소메트릭을 최대한 깔끔하게 보여 주기 위해 모델링 위에 Rect 조명을 설치합니다. 엔스케이프에서 만들 수 있는 Rect 조명의 최대 크기가 3×3(m)이니 조명 하나만으로는 모델링 전체를 덮을 수 없겠죠?

Rect 조명의 크기를 최대로 만들고 세기도 가장 세게 조절한 후 모델링 전체를 덮을 정도로 복사합니다. 복사한 조명을 그룹으로 묶은 후 모델링 위로 1,500mm 정도 띄워 배치합니다.

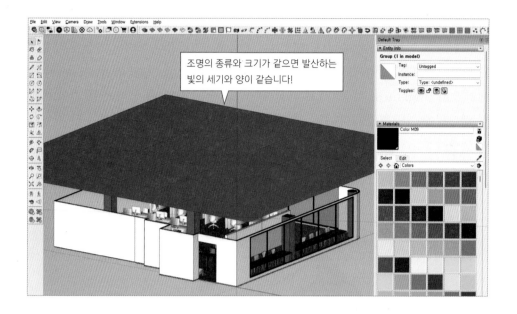

엔스케이프 화면을 보면 완성된 아이소메트릭을 확인할 수 있습니다. 아이소메트릭을 더 깔끔하게 만들려면 Rect 조명의 밝기를 조절해야 합니다. 조명의 밝기는 Enscape Objects 창에서 조절할 수도 있지만, 여기서는 인공조명이 전부 동일한 크기의 Rect 조명이므로 인공조명 값을 한 번에 통제할 수 있는 Artificial Light Brightness 값을 조절하는 것이 좀 더 편합니다.

Visual Settings 창의 [Atmosphere] 탭에서 Artificial Light Brightness 값을 조절합니다. 그리고 [Main] 탭에서 Exposure 값도 적절히 조절해 보세요. 여기서는 Exposure 값을 50%, Artificial Light Brightness 값을 98%로 설정했습니다.

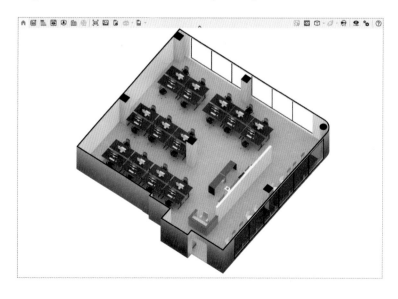

재질값 설정하고 이미지 보정하기

아이소메트릭은 재질 표현보다 전체적인 이미지 전달이 중요합니다. 따라서 투시도보다는 훨씬 간단하게 재질을 설정할 수 있어요. 재질 속성값을 전부 50%로 설정해 모든 값을 평균값으로 맞춘 후 벽면의 거칠기, 바닥의 반사, 유리의 반사 정도만 추가로 잡아 줍니다.

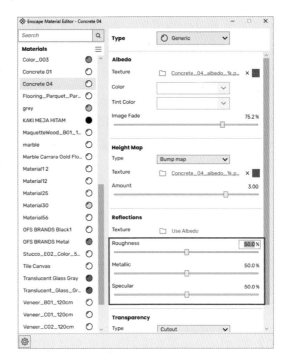

이제 거의 다 되었습니다. Visual Settings 창의 [Image] 탭에서 렌더링 이미지를 보정해 봅시다. 공간이 잘 드러나야 하는 아이소메트릭의 특성에 따라 Highlights 값을 높이고 Shadows 값을 낮춰 이미지의 대비를 크게 만듭니다. 그리고 Saturation 값을 조절해 색감을 조금 높이고 Color Temperature 값을 조절해 색 온도를 조절합니다.

따뜻한 느낌을 더 내고 싶으면 색 온도를 낮게, 차가운 느낌을 더 내고 싶으면 색 온도를 높게 조절하세요!

이미지 배경 없이 뽑아내기

이미지의 배경을 흰색으로 추출하려면 Visual Settings 창의 [Sky] 탭에서 [White Background]에 체크 표시하면 됩니다. 그렇다면 배경을 투명하게 해서 아이소메트릭 이미지만 저장하려면 어떻게 해야 할까요? 아주 쉬우니 바로 따라 해보세요!

01. ❶ Visual Settings 창의 [Output] 탭에서 ❷ [Apply Alpha Channel]에 체크 표시합니다.

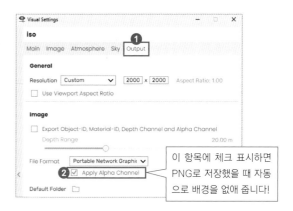

이 항목에 체크 표시하면 PNG로 저장했을 때 자동으로 배경을 없애 줍니다!

02. 🖾 아이콘을 클릭해 저장하면 원본 이미지까지 총 5장의 이미지가 추출됩니다.

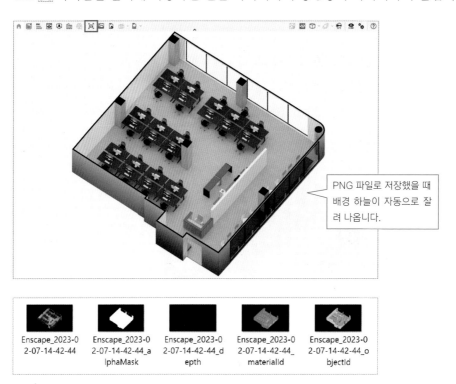

PNG 파일로 저장했을 때 배경 하늘이 자동으로 잘려 나옵니다.

Enscape_2023-02-07-14-42-44

Enscape_2023-02-07-14-42-44_alphaMask

Enscape_2023-02-07-14-42-44_depth

Enscape_2023-02-07-14-42-44_materialId

Enscape_2023-02-07-14-42-44_objectId

여러 각도에서 아이소메트릭 작업하기

01. 아이소메트릭을 다른 방향으로도 제작해 보세요. 아이소메트릭은 방향과 구도에 따라 담기는 정보가 달라집니다. 모델링에서 강조하고 싶은 점이 잘 드러나도록 방향과 구도를 잡아 보세요!

> **힌트**
>
> ☑ 표현하고자 하는 정보가 전부 들어오도록 장면을 잡아 보세요.
> ☑ 모든 공간을 한눈에 볼 수 있도록 평행 투시로 설정해 보세요.

02. 04장에서 작업한 파크로쉬 로비도 아이소메트릭으로 만들어 보세요. '파크로쉬_완성.skp' 파일을 열어 조명과 천장을 정리하고 로비 공간을 가장 잘 보여 주는 각도로 맞춰 저장해 보세요!

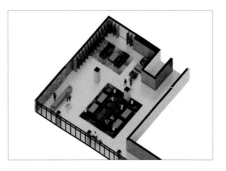

> **힌트**
>
> ☑ 아이소메트릭 표현을 위해서는 절단면이 막혀 있어야 합니다.
> ☑ 천장과 천장의 조명은 잠시 숨긴 상태에서 진행하세요.

07-2 매스 다이어그램: 레고 하우스

· 준비 파일 레고 하우스.skp   · 완성 파일 레고 하우스_완성.skp

매스 다이어그램은 스케치업 모델링을 캡처해서 만들거나, 포토샵을 이용하거나, 렌더링을 사용하는
등 다양한 방법으로 만들 수 있습니다. 작업자와 회사마다 원하는 스타일과 표현하는 방식이 다르기
때문이에요. 특히 BIG나 MVRDV와 같은 세계적인 건축 회사들은 특유의 다이어그램 스타일로 자신
만의 정체성을 표현하기도 합니다. 자료실에서 내려받은 '레고 하우스.skp' 파일을 활용해서 실습을
진행하세요.

디자인 과정을 담는 매스 다이어그램

디자인 과정에서 매스의 변화를 보여 줄 때는 매스 다이어그램이 가장 효과적입니
다. 건축 회사 BIG는 매스 형태부터 과감하게 배치하면서 시작하는 디자인으로 유
명한데, 설계 과정을 매스 다이어그램으로 표현합니다. 건축물은 물론 다이어그램
도 굉장히 시원시원하고 깔끔한 것이 특징입니다.

예제로 사용할 건축물도 BIG가 설계한 레고 하우스(Lego House)입니다. 보기만 해도
레고가 떠오르는 이 건축물은 덴마크의 빌룬트(Billund)에 있어요. 레고의 특징을 잘
살리면서도 지역민들을 위한 외부 공간을 아기자기하게 잘 만들어 놓은 랜드마크
건물입니다. BIG의 방식을 차용해 엔스케이프로 레고 하우스의 매스 다이어그램을
만들어 보겠습니다.

출처: 레고 하우스 공식 홈페이지

모델링 다듬기

렌더링 작업을 하기 전에는 항상 모델링을 정리해야 합니다. 다이어그램은 A였던 디자인이 어떤 이유로 B로 변화한다는 것을 보여 주는 역할이므로, 변화 과정을 장면으로 잘 담는 것이 중요합니다. 여기서는 매스를 반복적으로 쌓아올려 모델링 전후의 장면을 각각 저장해 주세요.

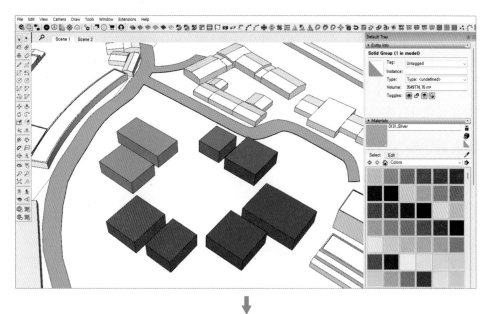

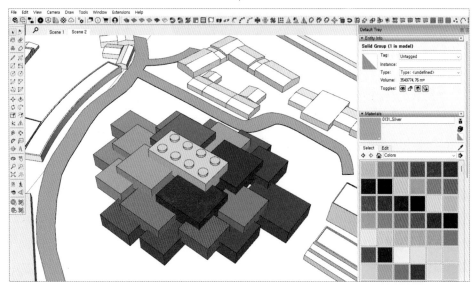

실제 스케일의 모델링에 빛 활용하기

다이어그램을 제작할 때 다양한 방법으로 빛을 조절할 수 있지만, 여기서는 실제 스케일의 모델링에서 빛을 설정해 보겠습니다.

01. 시간 조정하기

예제의 모델링은 실제 스케일이므로 태양빛을 적극적으로 사용할 수 있습니다. ❶ 그림자가 너무 진하거나 음영이 지나치게 드리우면 다이어그램의 정보가 명확히 전달되지 않을 수 있으니 시간대를 오전 11시로 설정합니다. ❷ 시간을 변경했으면 장면 이름 위에서 마우스 오른쪽 버튼을 누르고 [Update Scene]을 선택해 수정 사항을 업데이트하세요.

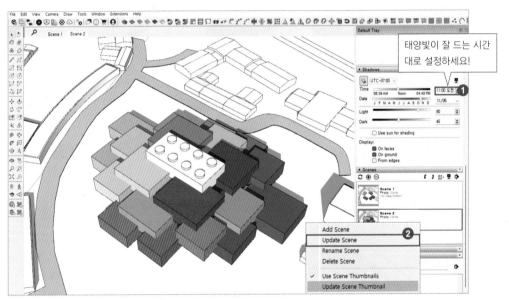

▶ 따로 인공조명을 넣을 곳이 없으므로 오로지 HDRI와 태양빛만 고려하세요.

02. 태양빛과 인공조명 밝기 임시 제거하기

❶ Visual Settings 창의 [Atmosphere] 탭에서 ❷ Sun Brightness 값과 ❸ Artificial Light Brightness 값을 0%로 설정합니다.

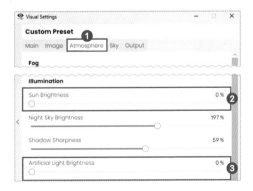

03. 엔스케이프에서 제공하는 하늘 사용하기

이번에는 따로 HDRI를 넣지 않고 엔스케이
프에 내장된 HDRI를 사용해 보겠습니다.
❶ [Sky] 탭에서 ❷ [White Background]의
체크 표시를 해제하고 ❸ Source를 [Clear]
로 선택하면 렌더링 화면에 엔스케이프의 기
본 하늘이 나타납니다.

이렇게 엔스케이프의 자체 하늘을 사용하
면 Clouds 설정값에 따라 렌더링에 영향을
주는 빛이 달라집니다. ❹ 따라서 처음 설정
할 때는 Clouds 항목의 모든 값을 0%로 설
정하는 것을 추천합니다.

엔스케이프에서 제공하는
자체 HDRI는 빛을 따로
조절할 수 없어요!

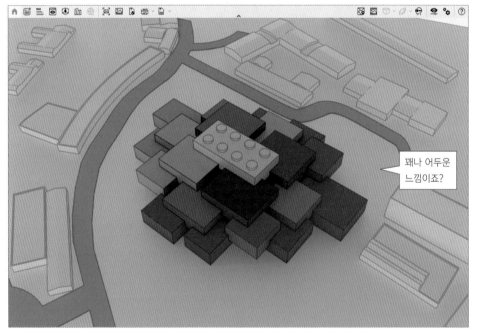

꽤나 어두운
느낌이죠?

04. 노출값 조절하기

❶ [Main] 탭에서 ❷ Exposure 값을 적절하게 조절합니다. 태양빛을 제거했으므로 렌더링 화면에는 오로지 하늘 자체에 의한 빛만 표현됩니다.

나중에 태양빛을 추가할 것이므로 살짝 어둡게 조절하는 것이 좋아요.

05. 태양빛 조절하기

앞서 0%로 설정했던 Sun Brightness 값을 15% 정도로 설정합니다.

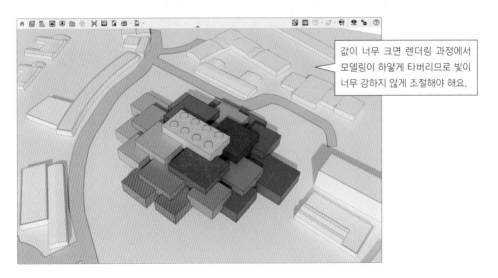

값이 너무 크면 렌더링 과정에서 모델링이 하얗게 타버리므로 빛이 너무 강하지 않게 조절해야 해요.

06. 노출값 다시 조절하기

태양빛까지 조절했으면 다시 한번 [Main] 탭에서 Exposure 값을 조절합니다.

07. 이미지 보정하기

[Image] 탭에 있는 Color Temperature 값을 조절해 이미지가 너무 노란빛이나 파

란빛을 내지 않도록 조절합니다. 물론 원하
는 분위기가 있다면 한쪽으로 치우치게 조
절할 수도 있습니다. 또한 Saturation 값을
높여 색을 더 강조하거나 Highlights 값과
Shadows 값을 설정해 이미지의 대비를 조
절할 수도 있습니다.

여기까지만 해도 충분히 좋은 매스 다이어그램을 만들 수 있습니다. 하지만 몇 가지 과정을 더 추가하면 한 끗 차이로 더 깔끔한 다이어그램을 완성할 수 있어요.

01. 매스 다이어그램에서 보여 줄 핵심 정보는 메인 건물이므로 주변 건물의 색을 흰색으로 처리해 메인 건물을 부각합니다.

❶ Visual Settings 창의 [Main] 탭에서
❷ Mode를 [White]로 선택하면 렌더링되는 모든 객체가 흰색으로 변합니다.

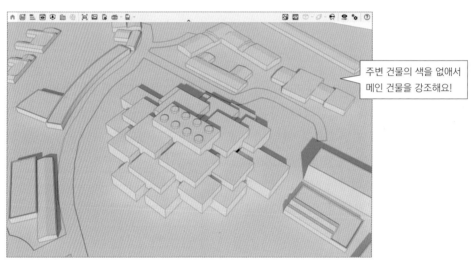

주변 건물의 색을 없애서
메인 건물을 강조해요!

02. Mode가 [None]인 이미지와 [White]인 이미지를 각각 렌더링합니다.
[White] 모드의 이미지는 [Output] 탭에서 [Export Object-ID, Material-ID, Depth Channel and Alpha Channel]에 체크 표시한 후 추출하면 얻을 수 있습니다.

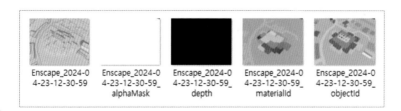

Enscape_2024-0
4-23-12-30-59

Enscape_2024-0
4-23-12-30-59_
alphaMask

Enscape_2024-0
4-23-12-30-59_
depth

Enscape_2024-0
4-23-12-30-59_
materialId

Enscape_2024-0
4-23-12-30-59_
objectId

03. 포토샵 후보정하기

포토샵에서 원본 이미지와 [white] 이미지, [objectid] 이미지를 불러옵니다. 이때 원본 이미지는 가장 아래쪽 레이어에 위치해야 합니다.

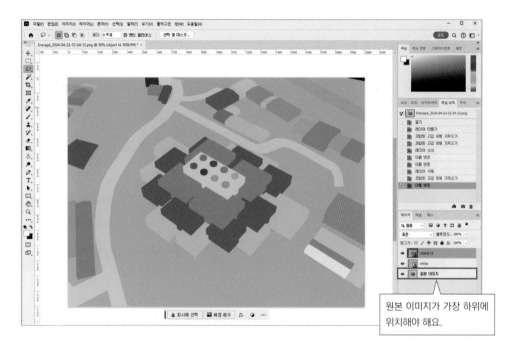

원본 이미지가 가장 하위에 위치해야 해요.

04. ❶ [objectid] 레이어를 선택한 상태에서 ❷ 자동 선택 도구 로 ❸ 메인 건물 부분을 선택하고 Ctrl + Shift + I 를 눌러 선택 영역을 반전합니다.

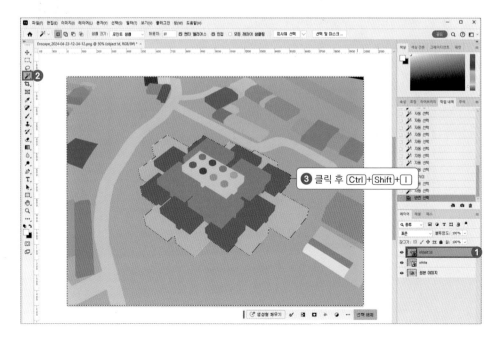

❸ 클릭 후 Ctrl + Shift + I

05. ❶ [objectid] 레이어의 👁 아이콘을 클릭해 안 보이게 하고 ❷ [white] 레이어를 선택한 후 ❸ 🔲 아이콘을 클릭합니다. 선택된 영역에 마스크가 씌워지면서 메인 건물 부분은 원본 이미지의 색감이 나타납니다.

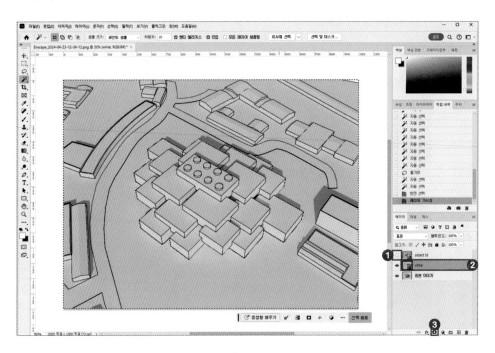

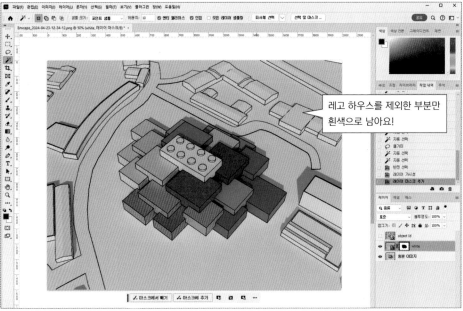

레고 하우스를 제외한 부분만 흰색으로 남아요!

06. [파일→내보내기→PNG으(로) 빠른 내보내기]를 선택해 이미지로 저장합니다.

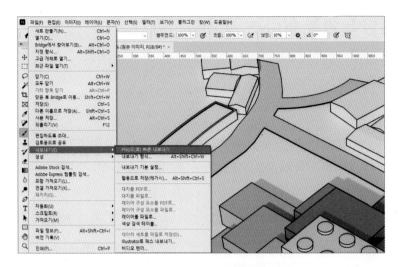

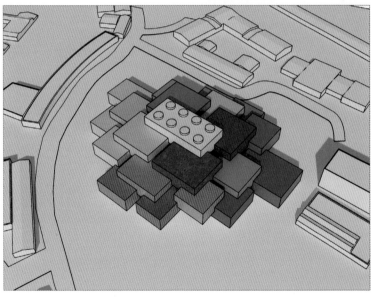

모델링 느낌을 살리는 애셋 설치하기

엔스케이프의 애셋 라이브러리에는 흰색으로 된 애셋도 찾아볼 수 있습니다. 흰색의 애셋은 모형 렌더를 찍거나 콘셉트 렌더를 찍을 때 유용합니다. 흰색 애셋을 건물 주변에 배치해서 느낌 있는 다이어그램을 만들어 보세요.

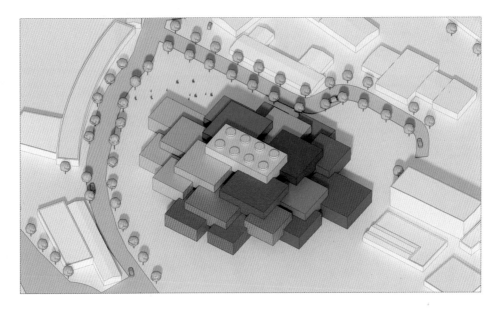

힌트

☑ 스케치업의 애셋 라이브러리에서 [Tree] 카테고리에 체크 표시하고 흰색 애셋을 드래그해 넣어 보세요.
☑ 정돈된 랜드마크 건물이므로 나무를 무작위로 배치하기보다 규칙적으로 맞춰 정렬해 보세요.

07-3 단면 투시도: 로마 국립 현대 미술관

· 준비 파일 **로마 국립 현대 미술관.skp, 조각상.skp**   · 완성 파일 **로마 국립 현대 미술관_완성.skp**

단면 투시도는 검은색 선으로만 구성된 2D 단면도와 달리 입체감을 형성하기 때문에 공간을 훨씬 실감나게 표현할 수 있습니다. 이번에는 단면 투시도를 제작하기 위해 입체감이 뚜렷한 공간을 준비했습니다. 스페인 건축가 라파엘 모네오(Rafael Moneo)가 설계한 스페인 메리다의 로마 국립 현대 미술관입니다. 자료실에서 내려받은 '로마 국립 현대 미술관.skp' 파일을 열고 실습을 진행하세요.

건축물의 특징 파악하기

로마 국립 현대 미술관(National Museum of Roman Art)은 로마제국의 유적지가 나온 터를 그대로 보존하면서도 벽돌 통로가 거대한 아치를 이루는 특징이 아주 인상적입니다. 태양빛을 적극 받아들이는 이 건축물은 시간에 따라 다른 모습을 보여 주는데, 벽돌을 사용한 건물에 그림자가 드리우면서 생기는 깊이감이 아주 일품입니다.

내부 투시도에서 빛 조절하기

미술관의 천장을 통해 들어오는 태양빛이 아치형 벽돌 회랑을 은은하게 비추는 오후 시간대를 생각하면서 공간을 구현해 보겠습니다.

01. 태양빛과 인공조명 밝기 임시 제거하기

Visual Settings 창에서 [Atmosphere] 탭의 Sun Brightness 값과 Artificial Light Brightness 값을 0%로 설정합니다.

> 화면에는 엔스케이프의 기본 하늘만 빛을 내고 있으면 됩니다.

02. HDRI 밝기 조절하기

[Sky] 탭의 Source에서 [Skybox]를 선택하고 greenwich_park_03_2k.hdr 파일을 적용한 후 내부 공간에 빛이 적절하게 들어올 정도로 Brightness 값을 조절합니다.

03. 노출값 조절하기

[Main] 탭의 Exposure 값을 적절하게 조절합니다. 태양빛을 제거한 상태이므로 렌더링 화면에서 나오는 빛은 오로지 HDRI 배경에서 나오는 빛입니다.

04. 태양빛 조절하기

[Atmosphere] 탭에서 Sun Brightness 값을 높입니다. 값이 너무 크면 렌더링 과정에서 모델링이 하얗게 타버릴 수 있으니 58% 정도로 조절합니다.

엔스케이프에서 시간대를 바꿔 보겠습니다. 엔스케이프에서 키보드의 U와 I를 눌러가며 시간대를 조절하면 됩니다. 내부 공간에 빛이 조금 더 길게 들어올 수 있는 시간대인 오후 12시경으로 시간대를 변경하세요.

05. 노출값 다시 조절하기

원하는 밝기가 나올 수 있게 다시 한번 [Main] 탭에서 Exposure 값을 조절하세요.
후보정을 할 것을 고려해서 너무 밝지 않게 45% 정도로 설정하는 것을 추천합니다.

06. 이미지 보정하기

마음에 드는 환경이 될 때까지 앞의 과정을 몇 차례 반복한 다음 ❶ [Image] 탭에서 이미지를 보정합니다. ❷ Color Temperature 값을 조절해 색 온도를 표현하고 Saturation 값을 높여 색을 좀 더 강조해 보세요. 또한 Highlights 값과 Shadows 값을 조절하면 이미지의 명암과 대비를 조절할 수 있어요.

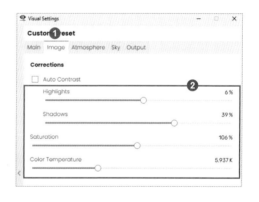

명암 대비가 한층 더 깊어진 것 같지 않나요?

단면 자르기와 채우기

스케치업에서 단면 도구 ⊕를 사용하면 모델링의 단면을 자를 수 있습니다. 그러나 단순히 단면 도구 ⊕만 사용해서는 엔스케이프 렌더링 화면에 단면의 절단면이 채워지지 않고 비어 있게 돼요. 이 현상은 이 도구의 기능이 모델링의 단면을 자르면서 자동으로 절단부를 채우는 것이 아니라, 스케치업 화면에서 단면이 채워진 것처럼 보이게 하는 기능이기 때문인데요. 따라서 단면을 채우는 추가 작업이 필요합니다.

01. 단면 자르기

❶ 도구 바에서 단면 도구 ⊕를 클릭합니다. 미술관의 통로를 따라 단면을 자를 것이므로 통로와 평행하는 지점에서 건물을 잘라야 합니다. ❷ 통로 옆 외벽에 마우스 포인터를 올려놓으면 색이 고정되는데, 이 상태에서 클릭하면 단면이 활성화됩니다.

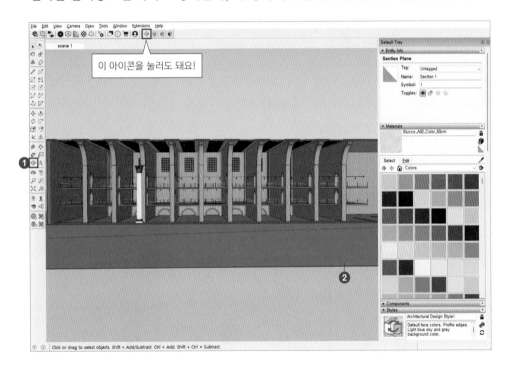

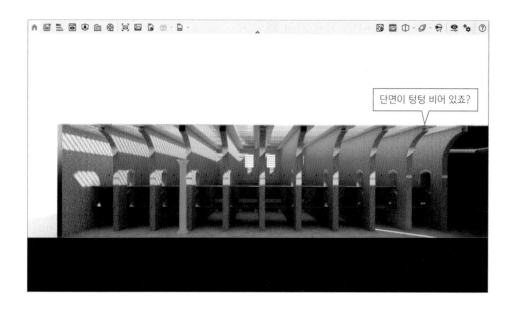

단면이 텅텅 비어 있죠?

02. 단면 루비 설치하기

❶ 스케치업 메뉴에서 [Extension→Extension Warehouse]를 선택하고 Curic Section Plane tools를 내려받으세요. ❷ [Install]을 클릭하면 루비가 내려받아지면서 자동 설치됩니다.

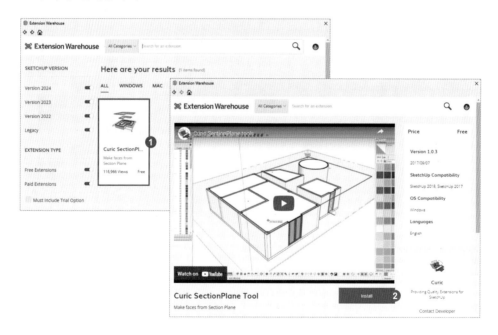

03. 절단면 채워 단면 자르기

Curic Section Plane Tools는 따로 루비 창이 나타나지 않습니다. ❶ 방금 전 만든 단면을 클릭하고 ❷ 그 위에서 마우스 오른쪽 버튼을 누른 후 [Make faces from objects]를 선택합니다.

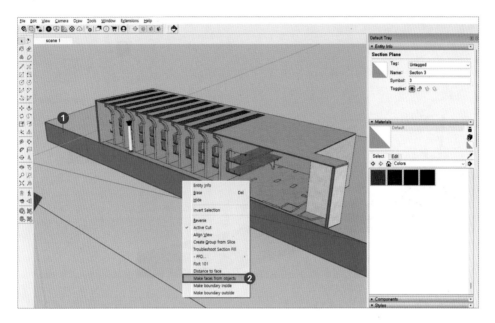

04. 생성된 단면 확인하기

시간이 조금 지나면 단면에 면이 생성됩니다. 눈으로 확인하기 어렵다면 단면을 더블클릭하고 메뉴에서 [View → Component Edit → Hide Rest of Model]을 선택하세요. 다음과 같이 단면에서 생성된 면만 볼 수 있습니다.

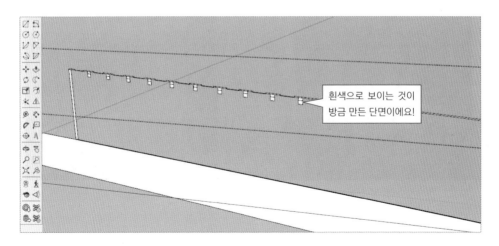

흰색으로 보이는 것이 방금 만든 단면이에요!

05. 단면 매핑하기

단면을 모두 선택하고 검은색으로 매핑하세요. 렌더링 화면에서도 검은색으로 채워진 단면을 볼 수 있습니다.

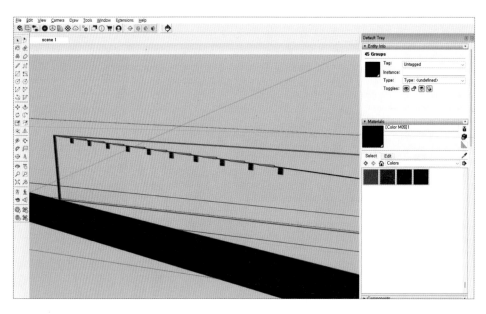

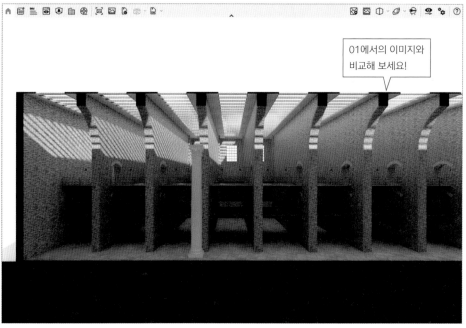

01에서의 이미지와 비교해 보세요!

주변 환경 세팅하기

실제 전시관처럼 전시품을 배치해 보겠습니다. 스케치업 파일을 그대로 불러오는 방법도 있지만, 시간이 너무 오래 걸리거나 파일의 용량이 지나치게 커질 수 있으므로 Enscape Objects 창의 **[Linked Model]**을 사용해 볼게요.

[Linked Model]로 불러온 객체는 모델링에서는 직육면체 형태로 나타나고, 렌더링 화면에 온전한 모습으로 표시됩니다. 모델링에서는 간단한 직육면체 형태로 나타나 전체 용량을 크게 줄이면서 용량 때문에 발생할 수 있는 버벅거림을 방지하는 것이죠. 공간에 큰 영향을 주지는 않지만, 용량을 차지하는 중복된 개체들이 많다면 [Linked Model]을 사용해 더욱 효율적으로 작업할 수 있어요.

[Linked Model]로 불러온 객체는 원본 파일을 수정하고 저장하면 자동으로 업데이트되면서 변환됩니다. 원본 파일에서 재질값이나 물건의 위치 등을 조절해서 저장해 보세요.

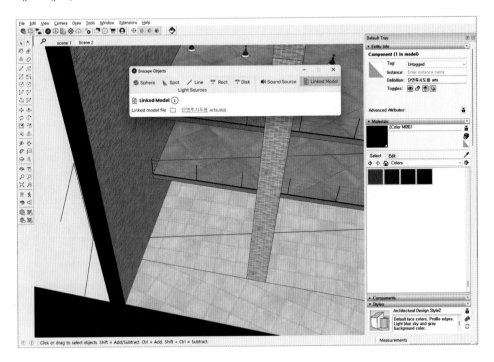

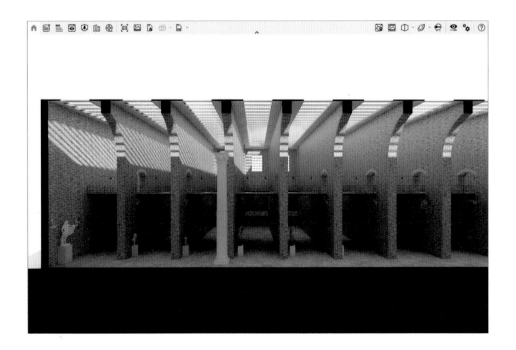

전시품을 배치한 후에는 사람들을 배치해 봅시다. 사람은 무작위로 배치하는 것보다 약간의 스토리가 느껴지게 배치하는 것이 좋다고 여러 번 강조했어요. 미술관인 만큼 작품에 집중하는 사람들, 가족 단위로 온 사람들, 친구들과 온 사람들 등 한눈에 봐도 미술관의 느낌이 나게 사람들을 배치해야 매력적인 투시도를 완성할 수 있습니다.

미술관 통로가 한눈에 보이는 단면 자르기

이번에는 다른 축을 기준으로 단면을 잘라 봅시다. 예제에서는 모든 공간이 보이게 복도 통로를 끼고 길게 잘랐으니, 이번에는 통로를 바라보는 짧은 단면으로 잘라 보세요. 같은 건물이라도 단면을 어떤 방향으로 자르는지에 따라 공간의 특징을 다양하게 보여 줄 수 있답니다!

힌트

☑ 단면 도구를 사용할 때 통로가 한눈에 보이게 축을 지정해 보세요.

☑ Curic Section Plane tools 루비를 이용해 단면을 채워 주세요.

☑ 공간을 넘나드는 사람 애셋을 추가해 공간감이 느껴지는 장면을 만들어 보세요.

스케치업에서 챗GPT 활용하기

스케치업과 챗GPT

3D 모델링 도구인 스케치업에서도 루비를 통해 챗GPT를 활용할 수 있습니다. 챗GPT가 프로그램과 연동되는 원리는 간단합니다. 프로그램마다 개발자들이 미리 만들어 둔 기능은 아이콘 형태로 제공되지만, 개발되지 않은 기능도 사용자들이 추가로 사용할 수 있도록 일부 공개해 놓은 영역들이 있는데요. 스케치업에서는 **루비 콘솔**(ruby console)이 그것에 해당합니다. 챗GPT에게 작업하고 싶은 방식을 설명해서 코드를 받아낸 다음 이곳에 그대로 입력하면 스케치업으로 구동되는 것이죠.

유튜버이자 루비 개발자인 알렉산더 C. 슈라이어(Alexander Schreyer)가 스케치업에서 챗GPT를 바로 사용할 수 있는 **OpenAI Explorer**라는 루비를 만들었습니다. 루비를 설치하는 방법은 블로그에서 확인해 주세요.

- **블로그 주소 링크:** bit.ly/sketchup_chatgpt

직접 해보세요! 루비 콘솔에서 챗GPT 활용하기

챗GPT가 알려 주는 코드를 Ruby Console 창에 그대로 입력하면 반복되는 작업을 한 번에 처리할 수 있습니다. 그럼 챗GPT에게 명령어를 질문해 볼까요?

01. 메뉴에서 [Extensions → Developer → Ruby Console]을 선택해 Ruby Console 창을 엽니다.

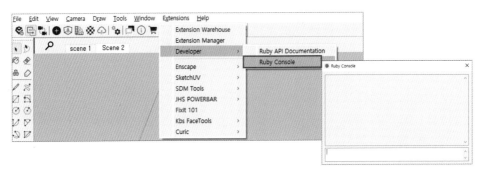

02. 만들고 싶은 목표가 명확해야 챗GPT에 정확하게 물어볼 수 있겠죠? 챗GPT에게 다음과 같이 질문해 볼게요.

> **S** 스케치업에서 박스 100개를 10줄로 일정한 간격을 유지한 형태로 만들고 싶습니다. Ruby Console에 넣을 수 있는 코드로 짜주세요.

> 다음은 스케치업에서 박스 100개를 10줄로 일정한 간격을 유지한 형태로 만드는 Ruby 코드입니다.
>
>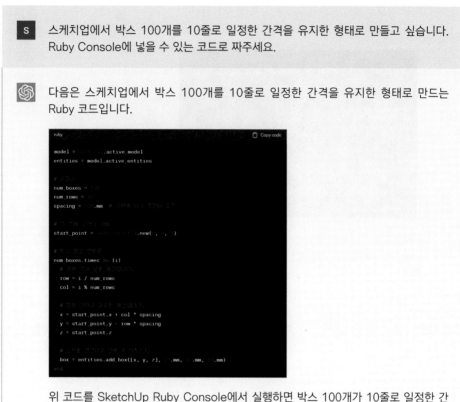
>
> 위 코드를 SketchUp Ruby Console에서 실행하면 박스 100개가 10줄로 일정한 간격을 유지한 형태로 생성됩니다.

03. 챗GPT가 제시해 준 코드를 그대로 복사해 Ruby Console 창에 넣어 실행합니다. 오류 코드가 나도 그대로 복사해 챗GPT에 다시 입력하세요. 이 과정을 여러 번 반복하면 오류 사항이 수정된 코드로 바꿔서 알려 줍니다.

> **S** Error: #<NoMethodError: undefined method `add_box' for #<Sketchup::Entities:0x0000013a9b4e89d8>
> Did you mean? Add_ngon>
> <main>:23:in `block om <main>'
> <main>:12:in `times'
> <main>:12:in `<main>'
> SketchUp:in `eval'

이 에러는 `Sketchup::Entities` 객체에서 `add_box` 메서드를 찾을 수 없어서 발생한 것입니다. `Sketchup::Entities` 클래스에는 `add_box` 메서드가 없지만, `add_face` 메서드를 사용하여 상자 모양을 만들 수 있습니다.

다음은 `add_face` 메서드를 사용하여 박스를 만드는 수정된 코드입니다.

위 코드를 SketchUp Ruby Console에서 실행하면 박스 100개가 10줄로 일정한 간격을 유지한 형태로 생성됩니다.

04. 02~03과 같은 방식으로 여러 번의 시행착오를 거치면 완벽한 작업물을 얻을 수 있습니다.

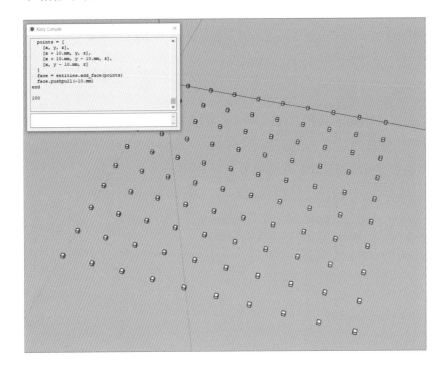

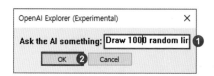 **OpenAI Explorer 루비 사용하기**

이번에는 OpenAI Explorer 루비를 사용해 스케치업에 다양한 명령을 내려 보겠습니다. 블로그를 따라 OpenAI Explorer 루비를 설치한 후 실행하세요.

01. 선 1,000개 한 번에 그리기

❶ OpenAI Explorer 창에 Draw 1000 random lines라고 입력한 후 ❷ [OK]를 클릭합니다. 그러면 1,000개의 선이 무작위하게 그려집니다.

모두 선택해서 그룹화하면 선이 특정 영역 안에서 만들어졌다는 것을 확인할 수 있습니다.

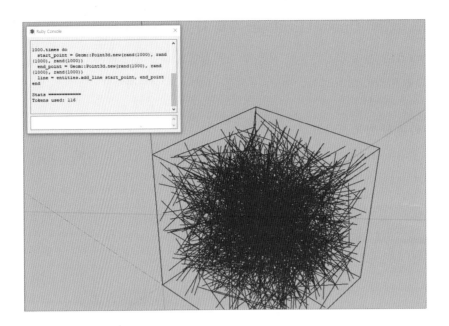

02. 동심원 5개 그리기

❶ 이번에는 Draw five concentric circles라
고 입력한 후 ❷ [OK]를 클릭합니다. 그 결과로
동심원 5개가 그려집니다.

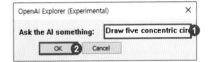

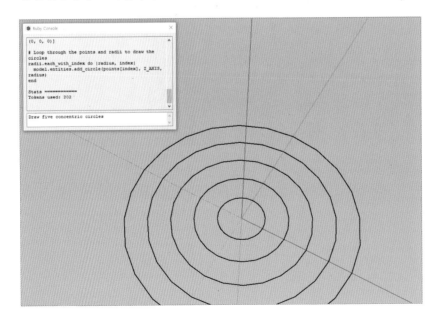

03. 색칠하기

그렇다면 색칠하는 작업에도 도움을 받을 수 있을까요? 미리 만들어 둔 큐브를 전체 선택한 후 OpenAI Explorer 루비를 실행합니다. ❶ Color the items in the selection randomly in five different green tones를 입력한 후 ❷ [OK]를 클릭합니다. 그러면 다음과 같이 큐브가 5가지의 초록색 톤으로 매핑됩니다.

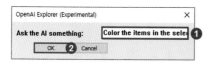

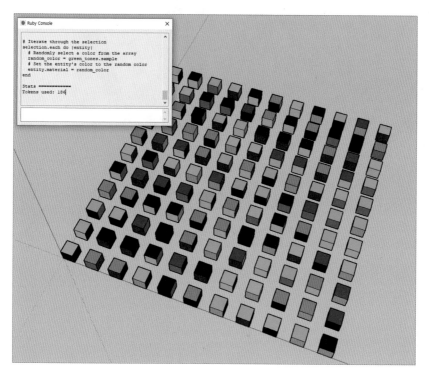

여러분, 사용해 보니 어떤가요? 스케치업에서 시간을 들여 하던 작업을 챗GPT가 한 번에 해결해 주니 놀랍지 않나요? 반복 작업을 해야 하거나 실습처럼 무작위 드로잉이 필요하다면 여기서 소개한 OpenAI Explorer를 활용해 보세요.

04. 다른 색으로 칠할 수도 있습니다. Color the items in the selection randomly in five different yellow tones라고 입력해 보면 큐브가 5가지의 노란색 톤으로 랜덤하게 매핑됩니다.

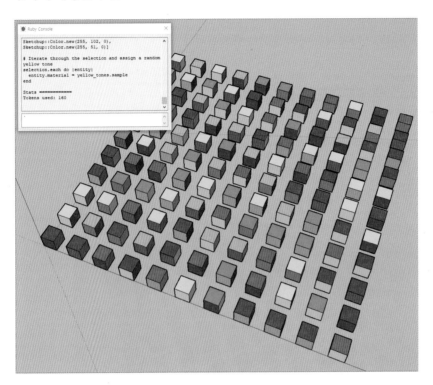

부록 02

크레아 AI로 이미지 품질 높이기

렌더링과 AI 기술의 융합

2023년부터 시작한 AI 열풍은 현재 진행 중입니다. 하루가 다르게 좋은 기술력을 가진 프로그램과 웹사이트가 세상에 나오고 있습니다. 그중에서도 건축 분야에 가장 많이 사용되고 있는 **크레아**(Krea) 웹 사이트를 이용해 볼 거예요. 이미지 크기를 키우거나 입력한 프롬프트에 따라 이미지를 새롭게 만드는 등 렌더링 이미지의 품질을 비약적으로 올릴 수 있습니다.

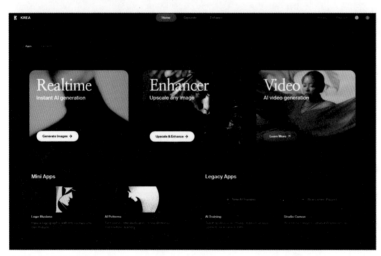

크레아 웹 사이트(krea.ai)

> **직접 해보세요!** **크레아 AI 이용해 보기**

크레아 AI에서는 업스케일링 기능을 이용해서 이미지의 품질을 업그레이드할 수도 있고 프롬프트를 입력해 이미지를 수정할 수도 있습니다. 이번 실습에서는 05장에서 만든 세인트루이스 미술관의 렌더링 이미지를 사용하겠습니다.

01. 크레아 웹 사이트(krea.ai/home)에 접속한 후 ❶ [Enhance]를 클릭합니다. ❷ 품질을 높이고 싶은 이미지를 드래그하여 업로드합니다.

02. 이미지를 업로드하면 패널이 하나 생성됩니다. ❶ 기본으로 스케일을 키우는 기능(upscaling factor)이 있으며, ❷ 하단의 [Settings]를 활성화하면 이미지를 생성하는 프롬프트와 AI 강도를 조절할 수 있는 바가 나타납니다. ❸ AI 설정을 적용하고 [Enhance]를 클릭합니다.

▶ 예시에 보이는 프롬프트는 크레아가 자체적으로 이미지를 인식해 제공하는 프롬프트입니다.

03. 약간의 시간이 흐르면 작업물이 추출됩니다. 마우스로 바를 옮겨 전후를 쉽게 비교할 수도 있습니다. 오른쪽 하단에 있는 🔽 아이콘을 눌러 이미지를 내려받습니다.

04. 포토샵을 실행합니다. 원본 이미지를 제일 밑 레이어로 깔아주고, 방금 생성한 이미지를 그 위에 올려줍니다. 생성한 이미지 레이어에 마스크를 씌운 후 필요한 부분들만 눈으로 확인하며 브러시로 칠하며 남겨줍니다.

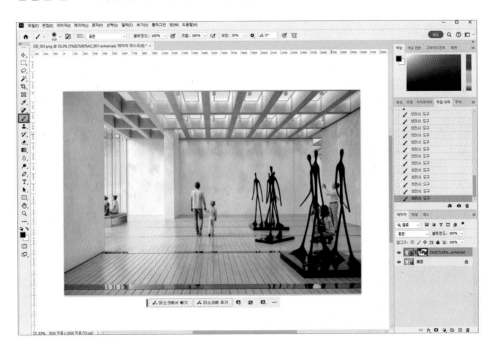

사람 애셋 퀄리티 높이기

전체 이미지를 크레아에 업로드하는 경우 이미지 속 사람의 얼굴이 일그러지는 현상이 있습니다. 이 문제도 크레아에서 해결할 수 있습니다.

01. 컴퓨터에 있는 캡처 도구로 수정할 사람 애셋을 캡처해서 저장합니다. 주변 배경도 같이 나오게 저장해야 주변 환경과 자연스럽게 이어지는 결과물이 나옵니다.

02. 캡처한 이미지를 크레아에 다시 업로드합니다. 마찬가지로 프롬프트로 내용을 확인할 수 있으며 부가적으로 수정도 할 수 있습니다. 보정을 마쳤다면 [Enhance]를 클릭해서 결과물을 내려받습니다.

03. 포토샵을 다시 실행하고 생성한 이미지를 원본 이미지의 레이어보다 위로 올립니다. 추가한 이미지에 Ctrl + Alt + G 를 눌러 클리핑 마스크를 씌우고 브러시로 스머징하여 연결합니다.

이렇게 작업을 마치면 완성입니다! 간단한데 결과물의 수준이 확 높아져서 놀랐나요? AI의 발전은 이제 시작이고, 점점 더 좋은 기술들을 보여주고 있습니다. 현재의 크레아 역시 크레아를 처음 사용했을 때에 비해서 훨씬 더 발전한 상태거든요. 책으로 열심히 공부한 여러분의 렌더링 이미지에 AI를 활용해서 한층 더 실감 나는 수준급의 이미지를 뚝딱 만들어 보세요!

이 작업 과정은 유튜브 채널에서도 확인할 수 있습니다. 오른쪽의 QR코드를 스캔해서 동영상으로 확인해 보세요.

평면도 그리기부터 치수 문제 해결까지!

초보자도 6일이면
설계 도면 그린다!

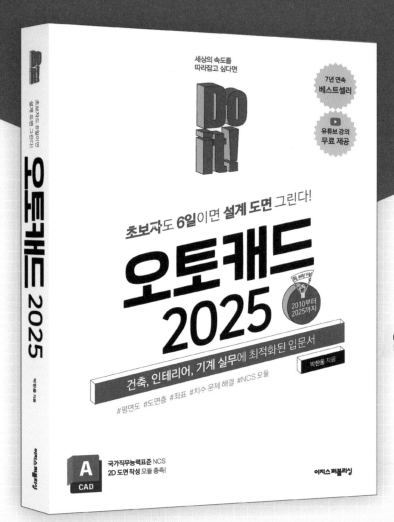

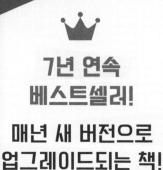

7년 연속
베스트셀러!

매년 새 버전으로
업그레이드되는 책!

유튜브
동영상 강의
110강!

지금 당장
써먹는
도면으로
배운다!

캐드 고수의
노하우
모음.zip!

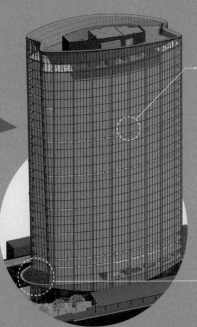
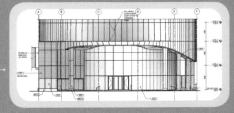